超级中层商学院之
七步务实做规划

做好规划的行动清单

王胜男　林世华　王彬沣 ◎ 著

北京大学出版社
PEKING UNIVERSITY PRESS

图书在版编目（CIP）数据

超级中层商学院之七步务实做规划/王胜男，林世华，王彬沣著. —北京：北京大学出版社，2012.2

ISBN 978-7-301-19857-5

Ⅰ.超… Ⅱ.①王… ②林… ③王… Ⅲ.企业计划 Ⅳ.F272.2

中国版本图书馆 CIP 数据核字（2011）第 252450 号

书　　　　名：	超级中层商学院之七步务实做规划
著作责任者：	王胜男　林世华　王彬沣　著
责 任 编 辑：	李淼淼
标 准 书 号：	ISBN 978-7-301-19857-5/F·2975
出 版 发 行：	北京大学出版社
地　　　　址：	北京市海淀区成府路 205 号　100871
网　　　　址：	http://www.pup.cn
电　　　　话：	邮购部 62752015　发行部 62750672
	编辑部 82893506　出版部 62754962
电 子 邮 箱：	tbcbooks@vip.163.com
印　刷　者：	北京市密东印刷有限公司
经　销　者：	新华书店
	787 毫米×1092 毫米　16 开本　13.75 印张　195 千字
	2012 年 2 月第 1 版第 1 次印刷
定　　　　价：	35.00 元

未经许可，不得以任何方式复制或抄袭本书之部分或全部内容。

版权所有，侵权必究

举报电话：010 - 62752024　电子邮箱：fd@pup.pku.edu.cn

目 录/CONTENTS

总序 从"我知"到"我会"——中层核心竞争力 /Ⅶ
前言 无规划勿行动,无预算勿开支 /XV

引 言 为什么要做部门规划

- 规划有两重功能,一是连接目标和具体行动,二是连接企业目标和部门目标。
- 部门规划七步法是一套"规定动作",一定要先知道做什么,然后知道如何做。

一、部门规划的作用 /3
二、如何开好规划会议 /6
三、部门规划七步法 /10

【规划自我评估一】部门规划环境 /13

STEP 1　理解企业战略

- 部门规划不是凭空产生的，它根源于企业的战略规划。
- 制订部门规划，首先要明确部门在企业战略规划中的定位。
- 理解了企业战略对部门规划的引领作用，就为部门规划指明了方向。

一、掌握公司级战略规划的内容　/17

二、明确部门在企业战略规划中的定位　/28

三、理解企业战略对部门规划的引领作用　/31

四、重新审视自己，树立当家意识　/34

【规划自我评估二】企业战略重点　/39

【规划自我评估三】企业定位　/40

STEP 2　战略执行回顾

- 制订一个真正务实的部门规划，应当从回顾开始。
- 部门年度战略执行情况的回顾流程是：年度部门规划要点回顾—年度目标实现情况分析—年度主要工作盘点—年度工作整体评价。

一、战略执行回顾的意义和作用　/45

二、战略执行回顾流程　/47

【规划自我评估四】战略执行回顾　/53

STEP 3　确立部门目标

- 部门目标的来源：由企业战略目标和年度经营目标分解，由部门职责、职能产生，由部门内外客户的需求决定，由部门存在的问题和不足形成。
- 理想的目标具备的特征：上下认同，具体，可度量，可实现，相关性，有时限，"跳起来，够得着"。

一、确定部门目标的来源　/57
二、设计部门目标体系的维度　/59
三、选取部门业绩指标　/62
四、如何制定出理想的目标　/73

【规划自我评估五】愿景目标能力　/77

STEP 4　做好环境分析

- 环境分析既包括企业环境分析和部门环境分析，又包括内部环境分析和外部环境分析。
- 运用 SWOT 分析法，可以认清部门的优势和劣势，寻找部门发展的机会和阻碍部门发展的威胁，为部门提炼战略规划做出导向。

一、什么是环境分析　/81
二、外部市场环境分析　/82
三、企业整体情况分析　/90
四、部门内部环境分析　/94
五、运用 SWOT 分析估计环境态势　/97

【规划自我评估六】外部环境分析　/108

【规划自我评估七】内部环境分析　/109

STEP 5　选择部门策略

● 部门策略描述了怎样才能实现部门规划目标，指导部门如何安排与使用人、财、物等资源。

● 部门策略制订流程：目标定位—收集情报—制订和评估策略—制订行动计划。

一、部门策略的含义　/115

二、运用 TOWS 矩阵制订部门策略　/118

三、运用 OGSM 模型制订部门策略　/122

四、运用关键成功因素法制订部门策略　/124

五、如何制订出有效的部门策略　/127

六、部门风险应对策略　/135

【规划自我评估八】制订策略　/137

STEP 6　制订工作项目与进度计划

● 工作项目的主要特征：目标单一性、连续性、独立性、资源有限性、实施一次性、不确定性、时限性、结果的不可逆转性。

● 工作计划的特点：预见性、指导性、可行性、变化性。

一、部门工作项目的主要内容　/143

二、确定部门工作项目　/146

三、如何进行部门工作项目的立项　/149

四、工作计划的主要内容　/156

五、制订项目工作计划　/157

【规划自我评估九】项目计划　/167

STEP 7　协调资源配置

- 部门岗位设置要保证部门所有职责都有岗位承接，要因"责"设岗，而非因"人"设岗。
- 部门规划能力高低的标志之一，就是能否做出合理的、符合发展战略的、能有效指导绩效考核的年度预算。

一、部门组织优化　/171

二、部门预算的主要内容　/177

三、如何编制部门预算　/181

四、对预算的执行进行监控　/186

【规划自我评估十】资源保障　/188

"超级中层商学院"系列培训精彩观点分享　/190

致谢　/196

总序

从"我知"到"我会"——中层核心竞争力

我们请过数百名本土企业家分别填写一份"当前最苦恼的事"清单,最终排名前三位的是:

1. 不知如何寻找公司未来的新增长点。
2. 面对新的发展机遇,缺乏合适的实施团队。
3. 内部现有管理层的执行力不足。

看,企业家的三大烦恼中,就有两项与中层团队有关。

而在针对企业决策层人士的面对面访谈中,我们都会问同一个问题:"你认为在你的中层干部中,完全胜任、需要在岗培养和完全不胜任的比例是怎样的?"迄今为止,已经有四五百名企业高层回答过这个问题,总体上看,认为自己目前的中层管理者完全胜任的不超过总体数量的20%,而有超过一半的企业高层认为自己至少有50%的精力被分散在帮助下属处理那些本该由部门中层管理者解决的事情上。

我不知道对于大多数中层管理者来说,当你得知高管们的这个评价时,心里会作何感想。但是从积极正面的角度来看,正因为这个"悲观"的评价结果,才催生了今天你所看到的这套"超级中层商学院"丛书。正所谓"工欲善其事,必先利其器",这套丛书就是为中层管理者提供的一套"利器",致力于通过帮助中层管理者的提升改善,来消除企业家们天天面对的"当前最苦恼的事"。

当你在阅读和学习这套丛书之前,首先需要了解的是以下几个特点:

第一,系统化。这套丛书的每一位作者都是在该领域长期从事咨询和培训实践的资深咨询顾问,每人每月至少会有20天全天候在各类企业现场工作。因此,我们了解企业家,更了解企业在中层培养和发展方面的实际状态。对我们来说,"中层"不是一个符号,而是我们每天都接触的实实在在的朋友与客户,亲切、熟悉、鲜活;中层的管理任务也不是一种孤立的存在,而是与企业整体业务布局和管理秩序密切相关的动态事务。

第二,情境化。这套书在写作过程中非常强调问题导向,大部分结论和方法都来自对某一类具体常见问题的分析与观察,并且把这些问题放到中层每天接触面对的典型情境中加以解决。根据我们的统计对比,基本上已经覆盖了中层管理者九成以上的管理情境,并直接给出方法和分析,你可以在阅读过程中对照自身的经历与经验。当然,即便如此,也不可能穷尽所有的情境,我们非常欢迎大家能够在阅读后把你的个人经验反馈给我们共享,共同来研究解决问题的办法。

第三,工具化。这套书的价值在于工具和方法的集萃。我们不希望再空谈理念,而是强调行为的改变。事实上中层对于公司有天然的依存性,也具备很强的成长愿望,所谓的不如意、不满意往往都是能力和方法的缺失造成的。只要掌握了标准的行为菜单,并且一以贯之地去实践,大部分人都能够体现自己的胜任力。我们不卖弄知识,而是希望给所有的中层提供"干货"和"绝活",让大家看得懂、学得会、用得上。书中提供的所有工具方法也均在过去三年中通过在数十家企业的实际验证,证明是有效的。

在长达十几年的企业管理咨询工作中,我们不断"零距离"地观察企业的发展与变革,并且为这些行动制订各种方案和计划。最终,我们发现无论企业的规模、行业、历史、体制如何,影响企业每一个动作能否高质量完成的核心因素就是人;所有的战略变革、资源整合、管理优化等宏大设想，其载体也是人。而在所有的企业人中，有一个特殊的现象：一方面，中层管理者这个群体在企业中占据了承上启下、上传下达的枢纽位置；另一方面，因为中层工作角色的相对封闭和内部化，没有光环效应，所以实际上大家对于中层具体的行为与动作的关注度是严重不足的。更有甚者，人们会过于强调给中层状态的发挥扣上"价值观"、"理念"等大帽子，而对真正的中层问题严重"失焦"。

大部分时候，企业在应对机遇或者挑战时，都可以用"高层发心，中层发力"8个字来概括企业不同层级管理团队的配合机理，而高管们目前所感受到的实际情况则往往是心有余而力不足。所以，中层往往变成了上下不通的"隔热层"，有一位企业家甚至这样形容自己的公司——中部塌陷。

长期的管理咨询工作帮助我们更好地看清了导致"中部塌陷"的主客观原因：

从客观上来讲，目前所有的中国本土企业都面临着共同的管理环境：一是企业在市场中运行的历史较短，根基不深，大部分企业在真正的竞争环境中只经历过一两代管理者的更替，企业本身没有沉淀出行之有效的针对中层管理者的培育和训练经验；二是企业近十年来成长速度之快超出高层预料，企业规模、业务、机构的膨胀远远超出了正常的人才学习成长速度，新的岗位不断被创造出来，因此导致普遍存在对中层梯队"拔苗助长"的现象。

从主观上来看，中层管理者们往往乐见"拔苗助长"之利，而抗拒或者回避其害。首先，能够升任中层职位的人，一般是在基层管理者或者员工岗位上工作非常出色的骨干，因此他们一定在之前的岗位上具备相当优秀的专业能力和工作表现。而他们自己也容易满足或者陶醉于这一点，并不会主动研究和分析职位升迁所带来的工作性质和能力要求的变化。同时，他们以往的工作经历也基本上不会培养这些方面的能力。

但是，事实上，从骨干员工到中层管理，即便同处一室，其工作方式和内容也发生了巨大转变。他们一旦就任新岗位，立即会发现自己面对一系列全新的挑战：怎么承接整个公司战略对部门的要求？怎么培养下属、带领队伍？怎么使自己和老板之间无障碍地沟通？怎么树立自己的领导权威？怎么和其他同级部门协同配合？怎么组织各方面人马把一个好的计划在既定时间和条件下实施落地？等等。这些都是无法在员工手册和企业文化读本中找到答案的新问题。

这时候，"中部塌陷"的危机就悄然浮现：一方面是箭在弦上片刻耽误不得的具体任务；一方面是隔靴搔痒、大而化之的理念、概念、观念类的培训。中层们只好凭借自己的管理直觉和个人既往经验来着手解决问题。这就产生了由于缺乏岗位自信所导致的霸道对抗现象和由于缺乏管理工具所导致的低效低迷现象，无论哪种倾向，最后都是部门工作不力、整体效能受损、员工士气低落。

"中部塌陷"已经成为企业高层、中层和基层共同的烦恼和问题，也成为制约企业持续发展的明显短板。由于每天都听到企业人针对这一短板的抱怨和询问，从2009年开始，我们下定决心着手探寻"中部塌陷"的解决之道。幸运的是，十几年来的管理咨询经验为我们打造了对企业的系统思考能力，并积累了大量的实际管理案例。这使得我们的研究从一开始就有别于传统的方式：一是避免就事论事，从企业整体角度出发来切入具体问题；二是避免坐而论道，从非常具体真实的情境着手来细分管理工具；三是避免隔靴搔痒，始终保持和中层群体的密切互动和交流。

在这里必须感谢我们多年来的忠诚客户们，他们对于这一课题给予了高度的支持。从2010年到2011年的两年间，他们除了为此贡献了大量的案例和经验，最有力的支持就是开放自己的企业，让我们以这套"超级中层商学院"方法论在企业内部开设培训课程，在与数十家公司、上千名中层管理者的面对面互动中不断发现新问题、持续打磨这套方法，并且获得最直接的学习反馈。

今天所呈现在你面前的这套"超级中层商学院"丛书就是经过上述过

程的试练，第一次系统总结整理而成的。通过对跨行业、跨专业的中层管理者的管理动作研究，我们发现，其共性的管理任务主要来自四个方面：

首先，就管理对象而言，中层一要管人，二要管事；其次，就工作周期来说，一类是较长周期的工作，一类是短期循环的工作。因此，以这两项条件建立一个基本的中层工作类别的矩阵：

从这个矩阵，我们可以发掘出四大类关键的管理动作和相应的管理能力：

短期——管人：管理自己的能力

长期——管人：管理团队的能力

短期——管事：管理工作的能力

长期——管事：管理战略的能力

具体到这套丛书中，我们认为，管理自己的能力首先体现在自己的角色力，也就是在不同情境下恰到好处地找准自己的定位与行为方式，其内核是中层的心态修炼。管理团队的能力主要包括带队伍和做协同，前者是针对自己管辖权限内的下属团队如何进行选用与留评，后者是指如何与平行的甚至是外部的力量协作。管理工作的能力是指对日常、即时任务的处理能力，主要体现在是否能够掌握有效沟通和先进高效的工作方法两大领域。对于中层，管理战略的能力着重在落地和执行：怎样根据企业长期发展战略制订年、季、月度的计划？怎样在执行中不断修订计划，最后良好执行？如何让部门的运作有序？如何保证公司的战略、规划在自己所负责的范围内有效落地？

因此，我们将上述8个方面的能力训练分别呈现在8本书中：

《超级中层商学院之像中层，才能当好中层》：细分中层在实际工作中的各种场合与情境，抓住形成第一印象的"前7秒"，开具详细的"外形"与"表现"相结合的行为菜单，提高中层角色力，在任何场合都做到进退得体、应对自如。

《超级中层商学院之好心态带来高能量》：心态就是力量。通过导入10种调整心态模式的方法，帮助中层提高抗压能力，实时自我调整，用建设性的正面思维激发个人能量场。

《超级中层商学院之收放自如带队伍》：从自己独立工作到带领团队工作，是从骨干到中层之间最直接的区别。带队伍不能依仗个人魅力，而是要针对自身工作小环境，灵活运用相应的工具方法。

《超级中层商学院之跨部门协同无障碍》：在实际工作中，无论是企业决策者还是每一位中层，或多或少都为跨部门协同不畅而感到苦恼。只有中层自身不再戴着有色眼镜对待协同任务，而是用合适的管理工具来推进和管理与他人的协同工作，开放、高效、无障碍的跨部门协同才可能实现。

《超级中层商学院之做事有章法》：打开高效精确工作的"黑匣子"，提供最直接、细化的工作方法来应对日常接收的每一个管理任务，使中层在多任务运行状态下仍然能够做到有条不紊、秩序井然、目标清晰、方法给力。

《超级中层商学院之沟通有结果》：中层管理者所属的专业、行业千差万别，但是主要工作方式却极其相似——基本都是以沟通作为载体，通过有效沟通来推进管理活动。只有对各种沟通方式有清晰的认识，并且对不同任务中的沟通技巧进行灵活掌握，才能做到以结果为导向的有效沟通。

《超级中层商学院之七步务实做规划》：让"规划"走下神坛，深入到中层的管理意识中，成为每一个部门、每一个团队的基本动作，促进中层对部门工作的长期思考和系统思考。通过最简捷的7个步骤，帮助中层充分理解公司级大战略的思想，并且将其分解到自身部门的工作规划和日常任务中去，以此形成部门对公司的承接、中层对高层的承接。

《超级中层商学院之落地才是硬道理》：面对未来，其实大部分公司的看法和想法都极其相似，但是几年之后不同公司的状态却往往是天壤之差。因此，只有将想法、规划、目标全部一一落地，变成真实的做法和业绩，并在这一过程中不断应变、不断调整，企业才有可能长治久安、走向卓越。

在以上述8本书为基础的培训活动中，我们将"自我管理、团队协同、跟踪测评、全程PK"的方法引入每一家企业。不同于我们所见到的大部分较为单纯的中层培训——讲师到场上课，一两天之后课程结束——我们认为，要为企业切实解决中层问题，需要更长的时间、更多的调研、更深入细致、实事求是的问题推演，除了在书中能够看到的案例和情境，培训师还会与学习者共同寻找本企业、小环境中真实发生的案例与正在面临的问题，通过辅导、演练上述管理工具，以团队为单位来制定解决方案，从而让每一位中层学习者对自身相关的角色、责任、协作等产生实际的体验，在离开培训室时掌握真实的技能。另外，每一个专题培训中都会安排专门的测评，针对与此专题相关的能力、意识、行为风格等方面进行跟踪，并且将测评分析的结论与学员分享、复盘，帮助每一位学习者更好地认识自己、理解他人。

在培训后，中层管理者的反馈集中在以下几个方面：通过了解整体课程的思路，使自己能够跳出本部门"山头主义"的局限性，认识到管理是一个系统的工作。在每一门具体的课程中，学到了具体的工作方法和技能，而通过对这些方法的演练又真正领会到其蕴含的理念与思想。学习的最高境界在于把学到的东西灵活运用到自己的工作中，如果不用，知识和方法只可能永远停留在"我听过"、"我知道"的层面，不会对提高自己的管理能力起到任何帮助。在长达五六个月的学习过程中，深切体会到团队的价值高于个人价值。

而决策、参与此项目的企业家们在对比观察下属们的工作表现后则认为，"超级中层商学院"是一个帮助快速成长中的企业"消除隔热层、提高执行力"的务实办法。

"超级中层商学院"丛书的出版是我们多年咨询经验和三年来的培训经验的总结和升华，我们对于中层管理者成功经验和行为模式的研究会以此为新的起点，持续推向深入。希望通过我们的努力，能够帮助每一家企业和每一位中层，避免"中部塌陷"，让中层成为真正的"中流砥柱"，让中层团队成为企业日常管理最强悍的"超级发动机"。

前言

无规划勿行动，无预算勿开支

每年的9到11月，是大部分世界500强公司筹划及落实下一财年各项业务规划及财务指标预算的季节。每个利润中心或是成本中心的管理者都要参与到这项浩荡而严肃的工作中去。

这个每年例行一次的任务要求世界500强的职业经理人们，既要根据所辖业务单元本财年前三个季度的环比业务情况，对下一年市场、人员、财务等多项情况做出预测，还要在明确公司下一年度整体战略的情况下，部署和落实本业务单元下一年需执行的重点工作；既要充分分析本业务单元的实战能力——因为这会关系到本部门下一年度的考核指标的设定——又要和上级分派任务的负责人讨价还价，从而保证下一年的指标能够尽量公平合理。

因此，在这一时间段里，会议密集，讨论和争辩集中。世界500强的精英们见面时，彼此都会调侃对方带着一张"处心积虑"的"预算脸"。

其实，世界500强之所以能强，除了诸多的被商学院分析过的因素外，上述业务规划模式，也是充分保证其组织执行结果的核心要素之一。

试想，在公司总体战略明确的前提下，每年至少投入3

个月的时间，全公司管理层全员参与，全方位地动员所有业务单元来对照公司整体发展战略分解相应的目标，后续还有相关绩效考核机制跟进此规划内容的执行和落地，这种做法，正应了中国的古话——"谋定而后动"，为公司下一年度的业务发展做了实实在在的统筹安排。未雨绸缪，使其能跻身世界500强之列。

相比之下，我们常见的一些企业和企业管理者，在谈到规划的时候，往往觉得无从下手。他们的理由很多，比如"计划不如变化快"、"没人会做"、"先进的管理工具和咨询公司太多了，不知道选哪个好"……

这些提到的原因都是客观事实。而且按照中国人的习惯，公司小的时候，好多人也不觉得组织需要什么规划，人都数得过来，事情也基本看得见，哪还用得着大费周章谈什么规划呢？

其实，在市场环境瞬息万变、竞争趋势时不我待、信息传递飞速发达的今天，规划并非只对大公司才重要。

比如，现在网上购物非常盛行，而与之蓬勃共生的是快递行业，若将前者称为高科技产业的话，那后者无疑应该属于劳动力密集型产业，这两类企业若想在今天的商业环境中求得一席之地，都需要在商战中做到"战而有略"。

不知道你是否想过：网络购物的人，通常最怕的是什么？

在回答这个问题之前，我们先来看一下网络购物与进商店买东西的区别在哪里。

进商店购物，挑选好东西付了钱，提走就可以了；而网络购物，选好物品，下了订单，要花时间等待物流公司将物品送达后，方可享受到购物的喜悦。所以，常在网上买东西的人，最怕的就是左等右等等不到东西，或者，东西来了，却破了或是脏了。虽然有退换货机制，但是几经周折，当初买东西时的兴致已经失掉了大半。

因此，无论是对于提供网上购物平台，诸如阿里巴巴这样的公司，还是那些在网上开店的个人店主，选择能保证物流速度的快递公司，是决其客户满意度和业务规模增长的关键。而他们的这一需求，实际上客观地决定了快递公司的战略定位和竞争中的生存出路。

作为网络购物产业的下游，快递公司如果想在激烈的竞争中博得一席之地，就必须对诸如接什么类型的单、在什么地域范围内承接业务、如何保证客户的快件传递迅捷有效地完成、怎样提高客户满意度等方面多下工夫，因为只有这样，才能换来后续持久的生意。

而若想保证上述目标能够清晰有效地被文化程度不同的所有快递员们所执行，规划无疑至关重要。而再好的规划，最终还是要通过员工在劳动中的执行才能到位。同时，想要保证快递员手中快件的传递信息能够被那些天天在网上"转悠"、随时想知道自己订单状态的网购者们及时知晓，还要借助相关信息化工作来及时回馈物流的当前具体状态。

所以，套用托尔斯泰描述家庭的名言"幸福的家庭是相似的，不幸的家庭各有各的不幸"来谈规划，我们可以讲，成功的企业在规划问题上是相似的，即都要有持之以恒的规划来保证竞争优势，而没有规划的企业想成功，在当今的竞争环境下几乎没有可能。

那么，若想做好规划，对规划者个人有什么建议吗？

回答是肯定的。

作为企业的各级管理者，也许你并非董事长或总裁，没有机会直接参与公司整体战略的制订及持续优化，但对照自己的本职管理岗位，要想执行和完成好公司安排的各项工作目标，有效带动团队步步为营、年年前进，做好规划是前提。而要制订出有效的部门工作规划，除了要充分理解部门内外和工作相关的要素外，还需要规划者个人养成结构化思考的思维习惯。

结构化思考也叫做结构化思维，是各类咨询顾问常用的思维方式。简言之，即是以终为始，先设定相关工作任务的目标，然后按照目标，结合现有资源进行逻辑分析，从而得出行动计划的思维过程。

其实结构化思维并非咨询顾问的专利，下面借助一个关于军队作战的情境，来说明这个问题。

大家都知道，现代战争中，军队一旦犯错误就意味着什么。因此，美军实施了一套标准化 AAR 行动后评估系统，以帮助军队不犯同样的错误。标准化的 AAR 系统过程是这样的：在上到团级、下到普通士兵的作战任务中，每一步都必须回答以下问题——目标是什么？实际完成得怎么样？取得的成绩是什么？哪些做得好？如何改正失误？……这些问题要经过讨论，并且要有专门的记录。这样，通过 AAR 系统收集结果数据，从中提取精华并形成学习材料，全军共享。这些数据，既使军队犯错误的可能性降低，又为未来的作战计划提供充实的分析材料，并做好最充分的能力准备。

军事战役最能体现结构化思维的精髓所在。因为战役的目标是夺取胜利，为了保证此目标的实现，作战者需要充分分析可能发生的情况及自身兵力的优劣势，由此针对不同情境，匹配相应资源及行动计划。为了保证行动计划万无一失，在相关的情境计划基础上还要展开必要的演练，从而不断修订战略战术，确保"招之即来，来即能战"的作战效率。每一场战役胜利的取得，都离不开战前目标、资源、行动计划的结构化分析和演练过程。

若想如百战不殆的将军一样，让自己和本部门在日常经营活动中有条不紊地打好每一场"战役"，办法只有一个，即在每一场"战役"之初，运用结构化思维的指导思想做好规划，按照目标，分析内外部环境因素，同时结合自身条件来判断需要匹配的相关资源，从而实现对总体结果的执行保证。在运用结构化思维的过程中，要特别注意两个基本原则：

一是以终为始。

即在分析问题的过程中，始终坚持以最终目标作为指导我们理清思路的基本原则。这好比写一篇文章，我们首先要确定文章的中心思想，然后围绕这一中心思想划分段落，寻找可以说明各段落要义的相关论据来分步呼应，最后实现通篇支撑，说明中心思想。

二是"相互独立,完全穷尽"。

在按照目标分析资源及分解计划的过程中,要坚持以"相互独立,完全穷尽"的原则分析问题。这个原则,源自麦肯锡顾问芭芭拉·明托发明的 MECE(mutually exclusive collectively exhaustive)分析法,此分析法实际上就是用不重叠、不遗漏的原则来理清思路。

仍以写文章为例,当确定要表达的中心思想后,我们可能找到若干个论据来支持中心思想,只有尽可能不重复地找全相关论据之后,我们才能判断最终选择哪几个论据最有说服力,从而实现对中心思想的严密支撑和说明。

正因为商业环境是错综复杂的,所以作为商业组织中具体业务部门的负责人,更需要持之以恒地运用结构化的思维方式,借助科学的方法,在每一场阶段性"战役"之前,未雨绸缪,做好规划,从而保证按照既定目标完成战略性阶段任务。

因此,有人说:"想赢得商战的胜利,先赢在商战的规划。"

像公司的战略规划一样,部门规划也有一些可供参考的流程方法。本书将在公司中长期战略确定的情况下,以一年为一个规划周期,以公司内部各部门为规划主体,介绍部门年度规划的一般流程。

引 言
为什么要做部门规划

- 规划有两重功能，一是连接目标和具体行动，二是连接企业目标和部门目标。
- 部门规划七步法是一套"规定动作"，一定要先知道做什么，然后知道如何做。

一、部门规划的作用

每一年，许多公司都要制订和启动新的年度战略规划，公司每个部门的规划也随之提到日程上来。

但是，我们发现一个奇怪的现象：绝大多数企业的各个部门都有自己的年度部门规划，而绝大多数部门又都没有自己的年度部门规划。这看起来好像矛盾，但事实确实如此。

很多公司的各个部门每年都制订规划，销售部有每年、每季度甚至每个月的计划，财务部、人力资源部、研发部、生产部等部门也都有各自的规划。但仔细研究，这些规划就好像"分蛋糕"一样，今年某个部门想做一个大"蛋糕"，部门几个主要负责人凑在一起一商量，各自认领自己应该负责的那一部分，到了年底，大家把自己做好的"蛋糕块"拼在一起，整个大"蛋糕"就算做完了。

更有许多部门的负责人认为，做规划就是填填空、写写字，将部门规划作为走形式的文案工作不予重视，常常是"拍脑袋规划，拍胸脯决策，拍屁股走人"。

企业竞争就像是长跑比赛，短期来说可能你的对手会用各种招数暂时超越你，可是从长期来说，只要你总体上步伐稳定，稍快一点，就能取得最后的胜利。因为你对每一件事都比别人想得多、想得清楚，这样就能做得踏实、做得快，而年度规划实际上就是在保证我们做到这些。

制订规划的能力，代表组织整体的竞争力。《孙子兵法》有云："夫未战而庙算胜者，得算多也；未战而庙算不胜者，得算少也。多算胜，少算不胜，而况于无算乎？吾以此观之，胜负见矣。"其中的"庙算"，就是出兵前先比较敌我的各种条件，估算战事胜负的可能性，并制订作战计划。因此，规划不是"猜"出来的，也不是"定"下来的，更不是"商量"好的，真正的规划，是"算"出来的。

一年之计在于春，做好部门的年度规划工作，不仅能使部门的工作有计划、有效率地进行，更重要的是，能做好部门的定位，将部门的工作与公司的战略紧密地联系在一起，使本部门更容易获得高层管理者的重视，使部门和个人更容易得到发展。另外，通过部门规划可以提升部门的整体形象和部门负责人的个人形象，使部门成为公司的关键部门，部门领导人的个人发展也一帆风顺。

因此，作为中层，必须学会如何制订规划，如何执行规划。

传说中的寒号鸟，夏天的时候，全身长满美丽的羽毛。它认为凤凰也不如自己漂亮，于是成天臭美，洋洋得意地唱："凤凰不如我！凤凰不如我！"

秋天来了，大家都忙过冬的事，只有寒号鸟不愿劳动，仍然一个劲地到处展示自己漂亮的羽毛。冬天终于来了，寒号鸟身上漂亮的羽毛都脱落光了，夜里只好躲在石缝里，不停地叫："哆嗦嗦，哆嗦嗦，明天就垒窝！"等太阳出来了，一照到温暖的阳光，寒号鸟又忘记了垒窝的事。就这样，一天又一天，寒号鸟最终也没有垒成窝，最后，终于冻死了。

如果寒号鸟一早就做好规划，赶在冬天来临之前把窝搭好，就不会冻死了。由此可见，规划的影响无处不在。

我们现在在哪里，我们要到哪里去，需要一座桥来连接，这座"桥"就是规划。同样的，企业目标与部门目标之间也需要一座桥来连接，这就是部门规划。所以规划有两重功能，一是连接目标和具体行动，二是连接企业目标和部门目标。没有规划，就谈不上执行。

规划的制订与执行情况的好坏，往往可以决定工作的成功与失败，乃至整个组织的兴衰存亡。所以，部门规划对于部门管理十分重要，其作用主要有以下几个方面。

1. 提前设计，指哪打哪

中层管理者经常会发现部门工作总是一团"乱麻"，剪不断，理还乱，无从下手；事情总是在做完以后才发现与当初所想的相差甚远。究其原因，就是因为没做好规划工作，部门没有一个统一的目标和计划。

规划在管理功能中是最重要的一环，一旦规划发生错误，其他功能几乎无法挽救；反之，若规划正确，即使其他功能发生错误，也比较容易补救。健全有效的部门规划能帮助中层管理者想定位、想形势、想目标、想打法……这些提前设计的因素，能让你的部门在未来的工作中"指哪打哪"，想着打而不是蒙着打。

2. 预测问题，应对变化

规划是基于现实、面向未来的，未来不是现实，未来的事情往往很少能确定。就如同航海，你在航行的过程中不知道会不会遇到风暴，即使是天气预报，有时也会失误，对未来的不确定性以及各种情况的变化使得规划更加重要。

诸如企业环境的变化导致战略的制胜条件变化，或是关键员工的离职，这些都会影响到部门目标的实现。部门规划工作则可以通过周密的预测，把这些"意料之外"的不可控因素转化成"意料之中"的可控因素，制订出各种相应对策，并在必要的时候对工作规划进行调整，变被动为主动，化不利为有利，从而有效地减少各种变化带来的冲击。

不难想象，如果没有规划，一旦情况发生变化，企业或部门措手不及，必败无疑。

3. 管理资源，避免损失

部门规划的一项重要任务就是要使部门的各项活动都能顺利开展。规划中对于目标及策略的选择，是一种基于客观事实（如部门定位、内外环境、可用资源等）的评估。虽然在这一过程中，不可能做到完全不含情绪或直觉的成分，而且也不能完全避免一些假设与风险因素，但总体原则还是要利用已知的科学知识和客观事实，求得较可靠的结果。这些在设计规划中所进行的调查研究和分析推理工作，能消除不必要的重复活动所带来的资源浪费，有效地利用资源，并能够避免由于没有行动依据而带来的各种损失。

4. 统一目标，控制行动

部门要实现自己的目标，必须使部门各项活动都能得到有效的控制。规划和控制是一个事物的两个方面，规划是控制的基础，控制是规划得以有效贯彻的保证。我们控制的各项标准都来自于规划。如果没有既定的目标和规划作为衡量尺度，管理者就无法确保部门的各项活动都处于受控状态。

正确认识部门规划的重要性，对于中层管理者从事有效的组织、领导和控制工作，有着十分重要的现实意义。

要点

部门规划对于部门管理十分重要，其作用主要表现在：
1. 提前设计，指哪打哪；
2. 预测问题，应对变化；
3. 管理资源，避免损失；
4. 统一目标，控制行动。

二、如何开好规划会议

规划事关部门整体发展，因此，部门规划不是部门负责人一个人的事，而是团队所有成员的事。于是，召开部门规划会议就成为制订规划的最主要工具。那么，规划会议开得好不好，就成了部门规划质量好坏和规划能否顺利落地的决定因素。

很多时候，典型的规划会议是这样开的：公司定下了各部门规划的时间后，各部门就按照计划召开会议，将部门骨干或者干部召集到一个风景好、空气好、利于大家清醒思考的地方进行"封闭"研讨。在听完一个个冗长的报告后，大家开始海阔天空地对一些问题进行讨论。当开始接触到关键问题时，却因为时间不够，或没想清楚等种种原因，会议戛然而止。随后，会议讨论结果发到大家手上，放在桌上，贴在墙上，时间久了，掉在地上。接下来的工作呢？依然该怎么办就怎么办，之前什么样，之后还是什么样。

从上述情况可以看出，这些规划会议中的讨论项目繁多，既没有根据项目的重要程度有顺序地进行讨论，也没有时间控制观念，结果是，往往花了太多的时间，讨论看似紧急却只处于操作层面的议题，而没有时间讨论重点的规划课题。

此外，大家开会时，很多时候都是在分享，却没有真正拍板。会场上只见大家分别以一张又一张的PPT阐述现况、分析数字，却没有做进一步的讨论与决定。

我们认为，一个高效会议的首要特征是：有针对性，能按计划达成会议目的。这个特征的内在含义包括：

- 会前充分准备——会议目的具体，参会人员分工明确，会务组织细致入微；
- 会议进程有序——围绕中心议题高效展开，运用多种技巧达成会议目标，会议主持人有效控制会场气氛并促使参与者积极沟通，参会人员就议题有效达成共识；
- 会议效果追踪——形成决议，明确行动计划与责任人，有监控手段。

所以，部门的规划会议应当这样开：

1. 专注于重要问题

（1）不同类型的会议分开讨论

一般而言，会议分为研讨型会议和交流传达型会议。参加这两种会议所需要的心态不同。日常管理问题会议属于交流传达型会议，是为推动工作开展，或为解决共性问题而进行的协调沟通，通过交流，使信息共享，问题得到有效解决。而规划会议是研讨型会议，是为了讨论某些主题，通过沟通对研讨主题达成共识。如果不分开讨论，很容易混淆。

（2）简短、高效、有针对性

开规划会议时，会议主持人在会前要准备好各项会议议程，明确会议的主题并做好相应的准备，列好与会议有关的问题以及要求得出的结论。

（3）议题重要性决定会议时间

将会议议题的重要性列出来，集中时间解决最重要的议题。

在进行方式上，为了让规划能够不受现有局限，让讨论更深入，讨论议程不要一件事一件事依序讨论，而是挑出几个重要的主题来进行讨论。

（4）对事不对人

在开会过程中要切记对事不对人，控制好自己的情绪，一切为解决问题着想，否则会陷入无聊的争吵中。

2. 确保会议有成果

既然会议几乎影响了部门未来一年的成长步调和路径，部门就应该对会议有更高的期望，给予更多关注，因为这种整个部门成员或骨干共聚一堂，讨论规划议题的机会并不多。因此，部门负责人应该参与整个会议的策划，负责会议的结果。这样才能够确保这些时间的投入有真正的价值。

归纳成功企业的规划经验，一个会议的结果如何，要看是否弄清楚了这样几个关键的问题：

首先,谁该参加规划会议?很多人认为只要少数骨干参加就行了。实际上,会议策划者应该倒过来思考,你希望会议达成什么结果?是只要听听意见,还是要做出具体的决定?当你明确了期望的目标,也就知道谁该参加这个会议,议程该如何安排。

其次,会议该安排在什么时候,进程如何安排?要提前拟定高效会议流程,事先决定讨论的流程、时间表,以及如何达成决策,谁必须做最后决定。

最后,决策的拍板权在谁手里?会议是以目标的实现为导向的,一旦目标无法实现,那么为会议投入的一切时间、精力及金钱都将全部"泡汤"。如果无法做出决定,再多的规划与讨论也无济于事。大家开完会,回到工作岗位上,由于没有得出可以据以遵行的决议,只能仅仅将会议信息传递给各级人员,也不能进一步追踪执行进度,规划的执行注定失败。所以,只要召开会议,就一定要有拍板人,一定要得出结果。让问题悬而未决的会议是失败的。

3. 分阶段进行会议

为了帮助部门负责人在会议上进行决策,不妨将会议分成"讨论"和"决定"两个阶段,两者的重点不同,所需要的心态也不一样。大家之所以会有不同意见,通常是对过去的决定、现在的情况,以及各方提出来支持规划的一些数字或资料,有不同的看法。因此,不妨在第一个阶段充分讨论事实,例如在重要市场的获利能力、竞争者的行动、消费者购买行为等,经过讨论,提出一些可行方案。

第二个阶段的重点则在做决定——从战略和财务的角度,评估第一阶段形成的方案,选择最好的行动方案。把"事实"和"选择"分开,会议就不会无效。

可见,经过事先妥善策划,规划会议是可以帮助你做出最佳决定的,这对部门的长期成长有深远的影响。

> **要点**

部门规划会应当这样开:

1. 专注于重要问题。

(1) 不同类型的会议分开讨论;

(2) 简短、高效、有针对性;

(3) 议题重要性决定会议时间;

(4) 对事不对人。

2. 确保会议有成果。

3. 分阶段进行会议。

三、部门规划七步法

我们在做规划决策的时候,一般可以借助三大类型的工具和模型。

一是现成模型。是指当今通用的一些行之有效的工具和方法,比如 SWOT 分析法,就是对于组织内外部环境分析的有效的工具。

二是创建模型。如果找不到现成的合适的工具,那就自己去建立一个模型,可以根据事物的前因后果进行分析,自己设计。一般要做以下工作:分析事物全过程—找出主次矛盾—找准突破口—设计分析解决系统。

三是知觉模型。即完全靠个人的经验和悟性对一些疑难进行判断,这种模型对个人的要求最高——要求有丰富的经验和很高的悟性,如果使用不当,往往会适得其反。

结合以上三种模型,综合成功企业制订部门规划的经验,我们提出了简单易用的"七步规划法"。

第一步:理解企业战略。

企业总体战略是什么?重点在哪?部门规划如何承接企业战略?老板对本部门的想法?……这些都对过去战略执行情况的回顾,可以为今后部门规划的制订起到启发和指导作用。

第二步：战略执行回顾。

去年部门规划了什么？目标实现情况如何？去年做了哪些主要工作？对去年部门整体工作有什么评价？……这些对过去战略执行情况的回顾，可以为今后部门规划的制订起到启发和指导作用。

第三步：确立部门目标。

部门目标的种类有多少？部门的价值在哪里？……这些都是部门规划首要考虑的问题。

第四步：做好环境分析。

部门的内部环境如何？外部环境如何？这些因素会对部门发展及未来规划产生直接的影响。

第五步：选择部门策略。

在进行了一系列的分析之后，部门就可以进行策略选择，包括在什么地方竞争？有什么优势？希望获得什么？能够创造什么？打算与谁合作？如何应对潜在风险？等等。

第六步：制订工作项目与进度计划。

确立部门工作项目，并利用项目管理工具制订工作进度计划，保障规划执行。

第七步：协调资源配置。

在做出决定之后，部门必须优化组织资源，考虑如何把相关的有利因素和不利因素转化为数字放到财务分析当中，并且利用估值、可能性分析等手段，计算和调配资源，从而更好地规避或控制风险，确保执行力度。

可以说，"七步规划法"就像八股文一样，规定了在每一步必须做什么，哪些信息必须明确，哪些问题必须回答。

因此，它是一套"规定动作"，而不是"自选动作"。当然，具体做法可以灵活变通，但一定是先知道做什么，然后知道如何做。

有了这样一个模板，任何一个部门制订的规划，企业内所有的人都能看得懂，因为它对所有人的格式都是完全一样的。这样的话，上级检查工作的时候就变得很简单，整个公司内部就有了共同的语言，很容易判断出各个部门所做的战略规划质量如何，数据是否充实，依据是否可信，分析是否透彻。

我们以某男子准备找对象这一规划事件为例，来示意七步规划法的细化流程及每一步骤的含义。

步骤	环节	描述
第一步	理解战略	人生关键一步，父母的要求
第二步	战略回顾	大学期间、工作期间各有一次短暂的恋爱经历
第三步	确立目标	找一个中等身材、活泼、孝顺的女孩子为伴
第四步	SWOT分析	优势：自己口才好、学历高 劣势：年龄偏大，身高偏矮 机遇：征婚手段日益先进，征婚方式日益增多 挑战：周边缺少异性
第五步	选择策略	增加能够进行深入沟通的交往机会
第六步	制订计划	选取心仪的目标，做好安排，多交流
第七步	调配资源	个人为主力，同辈堂表亲与同学好友分为两翼，父母为后台支持；参加征婚聚会费用1000元，辛劳亲友花费2000元，个人约会费用2000元，共计5000元

要点

部门规划七步法：

第一步：理解企业战略；

第二步：战略执行回顾；

第三步：确立部门目标；

第四步：做好环境分析；

第五步：选择部门策略；

第六步：制订工作项目与进度计划；

第七步：协调资源配置。

【规划自我评估一】 部门规划环境

说明：在使用本评估工具时，请针对各个标准进行规划评估。根据企业的实际情况打分，分值为1~7（1分代表最差，7分代表最优），并在空格里记录下分值。除了打分，还希望您能够仔细分析原因，尤其是对分数比较低的项。这些隐藏在分数背后的原因，不仅可以解释打分结果，更重要的是，能够帮助您采取相应行动以提高绩效。

以下标准用于确定部门规划所在的企业环境是否满足需求。

评估标准	得分	评论
设想与信念 企业明确并实施了上一年度战略规划中的各种设想，企业尤其关注那些历年来促使企业走向成功的设想和信念		
观察与分析 企业会审视自己是否戴着有色眼镜，以自身的主观愿望和固有设想来看待内外部环境		
内外信息交流 企业的机制或工作流程，能够确保内部成员与外部世界之间的信息交流畅通无阻（一些重要的市场发展趋势，能够被迅速识别并传递到企业内相关人员那里，以便采取相应的行动）		

(续)

评估标准	得分	评论
内部信息交流 企业的机制或工作流程,能够确保战略规划方面的信息在内部成员之间自由流动,无论其级别高低		
发展模式讨论 每年至少要讨论一次企业所在行业的发展的新模式		

资料来源:《组织战略规划评估》通用咨询工具。

STEP 1
理解企业战略

- 部门规划不是凭空产生的,它根源于企业的战略规划。
- 制订部门规划,首先要明确部门在企业战略规划中的定位。
- 理解了企业战略对部门规划的引领作用,就为部门规划指明了方向。

STEP 1

甲醛合成路线

一、掌握公司级战略规划的内容

部门规划不是凭空产生的,它是根源于企业的战略规划。战略规划是分层次的,不仅在最高层有,在中层和基层也应该有。一个企业一般应有三级战略,即公司级、业务级和执行级战略,其中业务级和执行级战略是由各相关部门负责牵头制订的。每一级规划均有方向和目标、政策和约束、计划和指标等要素,这些因素构成了企业战略规划矩阵,也就是企业战略规划的框架结构。

公司级的规划可以分成两个层次:一个层次是战略规划,侧重于定性;另一个层次是年度规划,它是定性和定量的结合,并通过定量来衡量定性。进一步说,年度规划实际上就是对战略规划的具体实施,它更侧重于定量,通过量化的内容来衡量公司规划的实施情况。年度规划再往下细分就是季度或月计划等。

为了更好地说明怎么做部门规划,我们先简单介绍一下什么是战略规划,以及战略规划的过程。

1. 战略规划的含义

公司战略规划是公司在市场经济条件下,根据企业内外部环境及可取得资源的情况,为求得企业生存和长期稳定地发展,对企业的发展目标及实现目标的途径和手段的总体谋划,它是企业经营思想的集中体现,是一系列战略决策的结果,同时又是制订企业年度规划和日常计划的基础。

2. 战略规划的 4 个重点

(1) 战略思想

战略思想是指正确认识企业外部环境和内部条件,指导企业决策,实现企业目标,求得企业生存、发展的思想,即企业制订和实施战略的基本指导思想。它是企业领导人理想和信念的集中体现。它着眼于企业的未来，表明企业战略的重点。

战略思想举例：

IBM 的战略思想——尊重个人，发挥个性；顾客至上，服务第一；追求卓越，完善主义。

（2）战略目标

战略目标是指在战略思想的指导下，根据对企业外部环境和自身实力的分析而确定的企业在一定时期（长期、中期、短期）内应该达到的总体水平，包括企业要做多大，在业界的影响和对社会的贡献。

战略目标举例：

3 年内营业额达到 1 亿元。

5 年内成为当地物流企业第 1 名。

8 年内公司股票上市。

（3）战略定位

战略定位是指在综合考虑企业内外部各种条件的基础上，确定企业未来的发展方向（一般是 3~5 年），也就是要成为一个什么样的企业。战略定位实际上是考虑企业未来的客户群和业务，就是企业要赚谁的钱，靠什么业务来赚钱。它是企业近期经营活动的轴心，是企业实现中长期目标的重要保证。

战略定位举例：

成为当地一流的系统集成商。

（4）核心价值

核心价值是指企业在发展过程中逐步积累起来的知识、技能和其他资源相结合而形成的经营管理体系。它具有独特性，一般不容易被竞争对手所模仿。

通俗地说，核心价值就是核心竞争力，是从企业的价值链环节中确定的、超过业界一般水平的、不容易被竞争对手所模仿的、能够为企业带来巨大利润的管理技能、运作能力、客户关系、技术能力，等等，它是企业存在和发展的源泉。

核心价值举例：

生产型企业核心价值的确定（见图1-1）。

人力资源管理	企业基础设施					利润
	招聘、培训				招聘	
研发	自动化系统的设计	元件设计、总装线设计、机器设计、检测程序、能源管理	信息系统开发	市场研究、销售支持	服务手册和程序	
采购	运输服务	原材料、能源、物资供应、零部件	计算机服务、运输服务	中介服务、物资供应	备用件	利润
进货搬运进货检查部件检查和交运	部件装配、总装、调节和检测、设备作业	订单处理、装运	广告、促销、销售队伍	备用件系统服务信誉		
进料后勤	生产经营	发货后勤	市场营销	服务		

图1-1 复印机生产企业的价值链

注：①图1-1反映的是生产型企业的价值链，对于任何一个企业都有间接增值和直接增值两条增值链，只不过不同企业，侧重点不同；

②对于间接增值中的环节，比如人力资源管理，并不是每个企业的核心竞争力，每个企业都应该根据实际情况选择自己的核心竞争力；

③对于直接增值的环节，比如研发，并不是每个企业都具有的核心竞争力，每个企业也应该根据自己的业务特点来选择自己的核心竞争力。

3. 战略规划从愿景开始

战略规划的过程，实质上是一个回答问题的过程。对这些问题的思考，就构成了对未来的规划。

(1) 制订企业愿景

在制订企业愿景之前，需要明确三个问题。

①希望企业未来在什么地域范围内发展？

②希望企业未来在什么行业领域内进行经营活动？

③希望企业在上述两个范围内达到什么样的状态？

企业愿景举例：

思科系统公司——用网络改变人们的工作、学习、生活和娱乐方式。

福特汽车——使每一个人都拥有一辆汽车。

(2) 从愿景到使命

明确企业的使命，必须回答下面几个问题。

①企业要为消费者（或客户）提供什么？

②企业要为社会创造什么？

③企业要为合作伙伴带来什么？

④企业要为员工带来什么？

⑤企业要为股东带来什么？

企业使命举例：

索尼——体验发展技术造福大众的快乐。

IBM——无论是一小步，还是一大步，都要带动人类的进步。

通用电气——以科技及创新改善生活品质。

微软——致力于提供使工作、学习、生活更加方便、丰富的个人电脑软件。

惠普——为人类的幸福和发展做出技术贡献。

沃尔玛——给普通百姓提供机会，使他们能与富人买到同样的东西。

华为——聚焦客户关注的挑战和压力，提供有竞争力的通信解决方案和服务，持续为客户创造最大价值。

(3) 从使命到价值观

从使命升华到价值观，需要厘清这样几个问题。

①在企业里，用什么标准评价对错？
②什么是企业必须坚守的？
③企业信奉的宗旨是什么？
④我们做事的最基本原则是什么？

企业价值观举例：

索尼——体验以科技进步、应用与科技创新造福大众带来的真正快乐；提升日本文化与国家地位；做先驱，不追随别人，但是要做不可能的事情；尊重、鼓励每个人的能力和创造力。

IBM——成就客户、创新为要、诚信负责。

迪士尼——极为注重一致性和细节刻画；通过创造性、梦幻和大胆的想象不断取得进步；严格控制，努力保持迪士尼"魔力"的形象。

波音公司——领导航空工业，永为先驱；应付重大挑战和风险；产品安全与品质；正直与合乎伦理的业务；吃饭、呼吸、睡觉都念念不忘航空事业。

惠普——我们对人充分信任与尊重，我们追求高标准的贡献，我们将始终如一的情操与我们的事业融为一体，我们通过团队，通过鼓励灵活与创新来实现共同的目标：我们致力于科技的发展是为了增进人类的福利。

新世纪伊始，联想面对社会，基于对现阶段文化状态的深刻理解，提出了联想的愿景：

高科技的联想、服务的联想、国际化的联想。

什么是"高科技的联想"呢？它意味着联想在研究开发上的投入逐年增加；研发人员在公司人员中的比重逐渐提高；产品中创新技术的含量不断提升；公司研发领域不断拓宽、加深，尤其是要逐渐从产品技术、应用技术向核心技术领域渗透；技术将不仅仅是为公司产品增值，使其更有特色，也同时要成为公司利润的直接来源。

"服务的联想"有两方面的含义：一方面，服务（包括信息服务、

IT系统服务和IT 1 for 1等）将成为公司业务支柱之一；另一方面，联想将使服务成为融入公司血液的DNA，即联想的每个员工都要有很强的客户意识和客户体验，每个员工都应该有充分的服务意识。

至于"国际化"，联想的目标是：10年以后，公司20%～30%的收入来自于国际市场，公司的管理水准达到国际一流，公司具有国际化发展的视野和与之相对应的人才、文化等。

联想的使命可以概括为"四为"，即：为客户、为员工、为股东、为社会。

为客户：联想将提供信息技术、工具和服务，使人们的生活和工作更加简便、高效、丰富多彩。概括来说就是，让科技走近大众，走进我们每一个人的生活和工作。

为社会：服务于社会文明进步。我们不会忘记，在联想不断发展壮大的16年里，是社会、大众、各级政府给了我们最多的关爱，因此，我们回报给社会的应该是一个诚信的联想、一个有责任感的联想。未来我们将一如既往地严格遵守中国和其他我们开展业务的国家和地区的法律法规，做当地的好公民；我们以自己不断增长的业务为基础，为社会贡献越来越多的税收；我们将积极参与科技、教育、环保、赈灾、体育等各种公益事业；我们提供先进的科技产品，为社会进步做出贡献。

为投资人：回报股东长远利益。企业是股东出资设立的，保证股东的长期利益同样是企业的使命。公平诚信是我们的企业之本，对投资人更要保持公平诚信的原则。联想不造梦，这是对投资人权益的最好保证。

为员工：联想的未来就是大家共同的未来，联想的宗旨是与员工共同发展，我们将为员工创造发展空间，提升员工价值，提高员工的工作生活质量。

"创造发展空间"就是提供更有价值、更广阔的发展平台。

"提升员工价值"体现在员工的素质和能力方面的提高，只有员工素质能力提高了，才能创造更高的价值。我们将为我们的员工提供更高质量的培训和进修机会。

"提高员工的工作生活质量"指逐步改善工作环境，改善员工工作福利，加强办公信息化程度，提高工作效率等。最近不少外国大企业的领导人访问了我们的新大厦以后，都对我们为员工所创造出的工作环境而大加赞赏。同时我们将逐步提高员工经济收入，我们希望并乐于看到更多的联想员工买房子、买车。①

（4）从价值观到战略规划

从价值观的提出，到战略规划的形成，一定要注意三个基本要素：

①书面化。

没有只存在于头脑中的战略规划。如果战略只存在于企业个别领导者的脑子里，那就不叫战略规划。战略规划是用来统一企业员工思想的一个工具，所以一定要书面化，让企业员工都可以知道。

②完整性。

在书面化战略的时候，结构一定要完整。战略规划包括4个部分，即战略整体目标、战略阶段目标、执行策略、评估标准，缺一不可。

③全员宣贯。

如果企业的战略规划没有对员工进行宣导，那就等于没有战略规划。因为战略规划是统一全员思想的重要工具，因此一定要反复地与员工沟通，让大家都知道企业有什么样的长远规划。

---

① 文章来源：杨元庆在2000年联想集团誓师大会上的主题讲话《新世纪，新战略，新征程》。

4. 制订战略规划的4个阶段

（1）制订规划纲要、公司级规划和专项规划

①规划纲要。

包含公司年度规划的指导思想、主要目标、体系模型、内容分类、组织分工、方法建议等用于指导公司年度规划推进实施的纲领性文件。

②公司级规划。

在规划纲要的指导下，用于阐述公司某一项业务或管理发展的指导思想、主要目标、总体策略及资源分配的指导性文件。

③专项规划。

如产品发展规划、供应管理发展规划、市场发展规划、信息化建设发展规划、员工发展规划、管理体系发展规划等。

（2）制订部门级规划

部门级规划，即在规划纲要及公司级规划的指导下，用于阐述本部门年度业务及管理发展的指导思想、主要目标，以及实现目标所需要的策略、措施、组织保障和资源投入等的计划性文件。

（3）规划的宣贯

对公司级的规划要在全公司范围内进行宣贯，还要以考试（笔试或口试）的形式确保全体员工对公司的规划有一个清楚的认识。同时，如果在制订规划时就有全员参与，那么在宣贯的时候就比较容易一些。

对部门级的规划要在本部门内进行宣贯，方法和公司级规划宣贯一样。

（4）规划实施

对规划的实施，首先要强调对目标的时空分解，并要最终落实到具体岗位上。在实施的过程中要注意总结和调整。

5. 战略规划过程控制

企业必须将职能战略落实到文件中，所有的职能部门都应遵照战略规

划开展工作，企业对战略规划在各个阶段的执行应进行有效的控制，做到各个部门各司其职（见图 1-2）。

制订企业愿景和使命	设置目标体系	战略制订	战略实施	战略评价
企业愿景体系与描述	战略目标财务目标	制订战略计划	建立保障体系实施战略计划	业绩评估与战略调整
是公司未来的一幅蓝图，是公司前进的方向，以及公司意欲占领的业务领域	目标体系是跟踪公司业绩和进度的标尺	战略既是预先性的（预谋性战略），又是反应性的（适应性战略）	提高公司的战略和组织能力，进行预算，建立领导制度，建立激励制度，塑造企业文化	监督周围环境的变化，进行适当的调整

图 1-2　企业战略管理的具体活动

一般的战略过程控制各阶段的内容及各部门责任具体如表 1-1 所示。

表 1-1　战略规划控制机制表

		形成战略规划	根据战略制订规划	制订预算	实施/执行	分析/评估
职责划分	最高管理层	讨论审议和批准	讨论审议和批准	讨论审议和批准	审阅月度/季度计划及预算执行情况	审查规划/预算的执行报告并做相应指示
	战略发展部（办公室）	主持具体的研讨会议和制订工作	主持制订工作	编制本部门规划/预算，参与编制总体规划/预算	定期了解公司年度规划执行情况并向最高管理层报告重要信息	协助起草月度/季度/年度规划执行偏差分析报告

(续)

	形成战略规划	根据战略制订规划	制订预算	实施/执行	分析/评估
财务部	参与研讨分析	制订相应的财务实施规划	编制本部门规划/预算，编制集团总体规划/预算	对规划/预算的执行从财务方面进行监控，并及时向最高管理层报告重要信息	起草预算规划月度/季度执行偏差分析报告
总部其他职能部门（包括附属机构）	参与研讨分析	参与相关部分的制订	编制本部门规划/预算，提交财务部及最高管理层协商，并按要求修订	确保本部门规划预算执行，及时说明规划/预算执行出现困难的原因	本部门规划/预算执行情况初步分析、判断
业务单元/子公司	参与研讨分析	参与相关部分的制订	编制本部门规划/预算，提交财务部及最高管理层协商并按照要求修订	确保本部门规划预算执行，及时说明规划/预算执行出现困难的原因	本部门规划/预算执行情况初步分析、判断
内容	制定战略目标（经营额利润、资产收益率等），以及实现目标的战略方针	分析实施战略规划的细化方案（包括资源分配框架），对	明确年度目标和任务计划（经营额、利润、现金流、应收账款、库存周期等），以及具体的年度资源分配	各业务单元及职能部门实施执行预算计划，定期总结汇报	分析评估预算计划的执行情况，并建议采取有关措施改进实施或调整预算计划

（续）

	形成战略规划	根据战略制订规划	制订预算	实施/执行	分析/评估
		多种方案进行分析并做出决策			
周期/特点	1. 部门/个人都可提出设想 2. 没有严格的时间性（一旦环境要素发生变化就要调整） 3. 非系统性	1. 明确的时间性（通常3~5年） 2. 系统性、程式性 3. 框架的分析和讨论多于定量的细节 4. 围绕项目或业务活动	1. 通常以年度为单位（每年9月份开始制订下一年的预算） 2. 以战略实施规划为框架进行制订 3. 围绕责任中心（部门）	每季度或每月	至少每季度一次

> **要点**

部门规划根源于企业的战略规划，要掌握战略规划的主要内容，需把握以下要点：

1. 战略规划的含义。
2. 战略规划的4个重点。
（1）战略思想；
（2）战略目标；
（3）战略定位；
（4）核心价值。
3. 战略规划从愿景开始。

(1) 制订企业愿景；

(2) 从愿景到使命；

(3) 从使命到价值观；

(4) 从价值观到战略规划。

4. 制订战略规划的 4 个阶段。

(1) 制订规划纲要、公司级规划和专项规划；

(2) 制订部门级规划；

(3) 规划的宣贯；

(4) 规划实施。

5. 战略规划过程控制。

二、明确部门在企业战略规划中的定位

企业战略是由各个部门来完成的，如果无法构建有效的部门管理系统，企业总体战略的落地便是一句空话。因此，制订部门规划，首先要明确部门在企业战略规划中的定位。

1. 自我认知：部门在企业的角色分工

试想，如果本部门的存在对企业整体战略没有贡献，对企业其他部门没有价值，也就是说企业或相关的部门不需要或不太需要我们，那本部门的存在就没有意义，就会被裁撤，或至少成为一个在企业内部无关紧要、不受重视的部门，部门经理以及员工在企业的前途也就可想而知。

因此，出色的中层管理者都非常清楚本部门的职能职责，极其注重自己所管理部门在企业的角色分工，并能将本部门的角色分工与企业总体战略的关键职能相结合，使本部门成为企业举足轻重的部门。

部门在企业内部的角色分工，应该包括两个层次的含义。

(1) 部门对企业的价值，即部门职能

明确部门职能，即明确本部门为什么存在，一般从以下三个方面来考

虑：

①阐述部门存在对于企业的价值；

②要结合部门的核心能力进行描述；

③内容要包括客户、产品和服务、地域范围。

部门职能一般可以用以下形式表述：

"在……的指导下/根据……定位或战略（指导根据），通过……（手段），实现/促进/保证……（存在价值）。"

例如，质量部门的职能：

在公司的发展战略和目标的指导下，通过全程监控影响产品质量的各环节以及不断优化业务流程，保证与质量有关的各环节有效运行，从而保证公司产品质量的稳定和持续改善，不断满足客户的需要，提高客户满意度，在同行中保持高水准，成为公司业务持续发展的有力保证。

（2）部门对企业的责任，即部门职责

部门职责，就是部门要通过哪些方面的活动实现自身存在的价值。可以从以下方面来考虑：

①本部门的客户是谁？客户的需求是什么？（这里所指的客户既包括外部的客户，也包括内部的客户，即需要本部门配合的公司内部的相关部门。）

②概括部门为实现价值所履行的主要活动，一般表述为"做什么"。

③应明确界定与密切相关部门（尤其是曾有职责冲突的部门）的职责界限。

在界定部门职责时，要注意：

第一，按职责的重要程度自上而下排序。

第二，不要把两条以上的职责放在一项描述内。

第三，建议职责不超过6条，重要职责不超过3条。职责太多了，反而没有重点。

职责表述的形式一般如下：

"负责（主导）……"，或者"协同/配合（参与）……"等。

例如，质量部门的职责：

- ISO 9000 质量体系的持续改善；
- 产品质量控制，注重于重大质量问题的处理和给予产品链各环节质控方面的指导和支持；
- 客户质量反馈的协调处理，客户满意度的测定和改善；
- 供应链质量控制，确保采购的材料和产品的质量；
- 质量信息系统管理，通过统计分析推动各环节改善；
- 文件控制，为各部门业务运作提供规范的文件支持。

2. 三承三启：部门在企业的规划定位

要做好部门规划，应遵循"三承三启"的定位原则：承上启下、承前启后、承点启面，即从战略到执行、从过去到现在再到将来、从局部到全局。

（1）承上启下

各部门是落实企业战略的主体单位，没有各部门对企业战略的深入理解和充分把握，企业战略的落地也会举步维艰，甚至惨遭搁浅。一个组织的健康程度主要取决于信息传递的速度和保真度，这决定了整个企业未来的发展情况。保持信息的一致性，即从下到上、从上到下的信息不失真，这是做好部门规划的重要前提。

（2）承前启后

战略规划是一个企业的发展纲领，是经营之本。制订部门规划之前，应以战略的思维审视过去，对照以企业发展战略规划确定的主要目标，盘点企业发展的历程。在客观总结过去一个阶段工作的基础上，制订部门的规划，这是做好部门规划的重要基础。

（3）承点启面

企业战略是指企业的长期计划，它不同于部门规划。部门规划是短期的计划，是对目前的资源进行分析，对企业的内外部环境进行判断，根据企业战略发展的需要，确定部门短期目标，制订一个时间跨度不大的部门计划的过程。因此，部门规划是企业战略的重要组成，承载战略执行的重要基点。这就要求在制订部门规划时，一方面，横向部门之间的配合协调要顺畅，杜绝部门本位主义，要从全局的角度考虑问题；另一方面，牵头部门要充分调动其他相关部门的配合与支持，发挥统筹协调的作用，这是做好部门规划的重要保障。

> **要点**
>
> 明确部门在企业战略规划中的定位，要做到以下方面：
> 1. 自我认知：部门在企业的角色分工。
> （1）部门对企业的价值，即部门职能；
> （2）部门对企业的责任，即部门职责。
> 2. 三承三启：部门在企业的规划定位。
> （1）承上启下；
> （2）承前启后；
> （3）承点启面。

三、理解企业战略对部门规划的引领作用

管理大师彼得·德鲁克认为，企业战略是关于企业经营的目标、方向和路线的选择，是企业为发挥自身优势迎接环境的挑战而制订的统一的、内容广泛的、一体化的计划。部门规划则描述了在执行企业战略和经营单位战略的过程中，企业中的每一个业务部门或职能部门实现部门目标的方法和手段。相对而言，企业总体战略规划更具有系统性、一体化，部门规划则更体现出行动性、明细化；但部门规划制订的前提，是部门对企业总体战略的充分理解，也是部门对企业战略向各部门提出的各种直接或间接

的要求的全面把握。把握这些要求，深刻理解企业战略对部门规划的引领作用，即是为部门规划指明方向；同时，理解企业战略，也有助于企业内部各部门更好地从企业战略的高度来思考问题。

企业战略对部门规划的引领，可从以下三个方面来理解。

1. 部门规划要认同企业的发展愿景

愿景是企业对未来所想达到的理想状态的描述，它表明企业对未来的期望和追求。因此，企业愿景可以定义为一种有召唤力的构想，常常通过非常生动的描绘表达出来，能够激励、鼓舞、召唤，甚至驱使企业内部认同此愿景的所有人员。

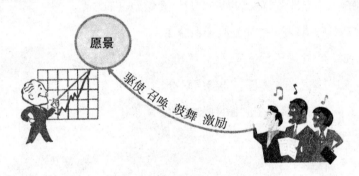

图1-3　企业愿景的作用

作为企业的中层管理者，要用心去了解企业愿景的内涵，甚至是愿景诞生的背景。其间，可以询问自己是否认同企业的发展愿景，进而判断企业是否具备实现此愿景的能力。也可以通过愿景了解企业核心领导人对事业的远大理想和对企业的未来定位。

2. 部门规划要理解企业的总体目标

企业通常制订3～5年的战略规划，并将3～5年的战略目标、策略在每一年度加以分解，有时会根据企业经营状况或外部形势变化适时进行调整或修订。而战略目标通常是经过企业决策层集体商议确定，既是基于目标市场近几年的统计数据及未来趋势信息，也表达了决策层对企业未来几年发展规模的深切期望。各部门必须通过学习，领会企业的战略规划，坚定不移地贯彻执行企业总的战略方向。

各部门可以通过思考以下问题，来逐步加深对企业总体目标的理解和认同：

- 我是否认同企业的年度业务目标？过高还是过低？
- 其他部门是否认同企业年度目标？
- 制定年度业务目标的基础是什么？理由是否充分？
- 企业年度目标是否给本部门带来压力？最大压力来自何处？

3. 部门规划要了解老板的发展思路

企业必须根据环境的变化不断调整经营活动。企业的老板肯定比谁都更关心企业的发展前景，比任何人都更具有危机意识。而且，老板与外界接触频繁，可以掌握各种各样的信息，无时无刻不在为企业谋划发展之路，所以，有时免不了会对很多事情产生兴趣。从员工的角度看，老板的经营方针好像总是在变，有些中层管理者就会生出不少怨言，但这不是部门领导应该采取的态度。一个优秀的中层管理者，应该努力了解老板的意图，并在政策措施上加以补充完善。

有这样一个企业，创业时的主业是木材加工，后来转而从事住宅建筑，现在主要生产整体橱柜等家具设施，而企业的规模也在主营业务的变换中不断发展壮大。企业总裁非常有事业心，在当地有着不错的口碑。当初由于经营环境发生变化，木材加工业已经很难赢利，经过与公司高管层的深入探讨研究，总裁决定逐步退出木材加工产业。

但就在做出决定之前，总裁突然说要引进一批木材加工的新设备，各级经理们对此大惑不解，不知道总裁到底要干什么。原来，总裁在与外界的沟通接触中，获得了这样一条信息：某项木材加工设备在新兴的住宅建筑市场前景看好，如果现在对该设备投资的话，可以获得较高的赢利。果不其然，一年以后，公司成功转型，并有了长足的发展。

中层管理者可以通过以下几个问题来分析企业老板的发展思路：
- 老板现在最关注的是什么？
- 老板现在最急需解决的重点问题是什么？
- 老板对我抱有什么样的期望？
- 我是否正在回报老板的期望？如果不是，原因和具体表现在哪里？

与此相类似，企业老板们总是在不断追求更高的业绩水平，因此，他们考虑的问题和关心的热点也总是在变。一名中层管理者不能简单地把这理解成老板的善变或举棋不定，而要常去思考影响老板思路变化的原因，并据此调整个人的工作方法，顺势而为，成为对老板、对公司有价值的中层。

部门规划制订的前提，是要深刻理解企业战略对部门规划的引领作用，要让企业战略为部门规划指明方向。

1. 部门规划要认同企业的发展愿景；
2. 部门规划要理解企业的总体目标；
3. 部门规划要了解老板的发展思路。

四、重新审视自己，树立当家意识

中层管理者在制订本部门规划之前，需要重新审视自己——作为部门的最高负责人，能否以部门决策者的角度，与老板做换位思考？能否主动担当，不逃避、不推诿责任？能否以部门当家人的身份来考虑问题，考虑收益，也计算成本？

总的来说，中层管理者在制订部门规划时，应当树立以下三个观念：

1. 考虑整体利益

一个人所处的位置决定他思考问题的角度。老板位于企业这个小社会的最顶端，自然能全面考虑问题。而企业的其他管理者不是老板，只是负责某一个部门或是某个业务方向，因此，很容易犯本位主义的错误，考虑问题时只照顾到本部门的情况，或者采取事不关己、高高挂起的态度，对关系全局、关系其他部门的事务无动于衷，完全把自己当成局外人。这种做法大错特错。

一家营业额约250亿日元的树脂加工企业，有一名负责生产的董事。包括赢利计划、设备采购、干部配备、成本及质量管理等工作在内的生产制造方面的事务，都由他全权决定。

由于工厂方面是先接到订单才开始生产，所以营业部门的业绩对工厂生产活动的影响非常大。在经济不景气时期，为了保证开工，营销部门接受了大量条件苛刻的订单，有的工期很紧，有的单价过低，有的订货量太少，全是景气好的时候根本不会接的活儿。于是，这位负责生产的董事对营销部门进行了严厉的批评，说某单生意只会拖累工厂的生产效率；某单生意工期太紧，根本就做不完；某单生意订货单太少，满足不了开工率；等等。营销部门被批评的次数多了，工作积极性受到了打击，慢慢地就揽不到业务了，企业的业绩也随之出现了滑坡。

企业老板看到这样的情况，就对这位董事说，既然你对营销部门这么不满，那你就去管一下吧。于是，这位董事从生产部门转而负责营销部门。

过了几个月，这位董事对市场和客户的情况有了一些了解，再开会时，他又转而站在营销的立场上，对生产部门展开了激烈的批评，说市场形势很严峻，工期紧、单价低、订货量少等都不是理由，如果不生产，工作就没法干下去。老板一听就呆住了，左右都是他有理，忍不住对他怒喝一声："别再胡闹了！"

作为部门领导，有时站在本部门立场上考虑问题也是在所难免的，但刚换了岗位，意见就来个180度的大转弯，换了谁也接受不了。作为公司的董事，对生产和营销两大部门都有了解，本来应该从两个部门的立场出发，考虑如何协调关系才能提高企业的赢利能力，而他却采取了这样极端的本位主义做法。老板难免发火。

所以，作为中层管理者，要想制订出实际可行的部门规划，必须首先转变自己的管理意识。当然，这并不是一蹴而就的，有时除了中层本人的努力，还需借助外部的力量。

督促中层管理者进行意识改革，可以采用这样的方法：

首先，通过不记名问卷调查的方式，了解周围员工对该名中层管理者的看法，调查对象可以包括上司、下属以及其他部门的员工。

其次，把调查结果用图表的形式反映出来，交给其本人，作为参考材料。

最后，把五六名相关人员组织起来，召开研讨会，针对调查结果研究如何改进自己的工作。

中层管理者在改变意识的同时，必须时刻谨记，部门的发展与协同部门要同步。本部门每前进一步，都依托于协同部门的配合。如果不依托于公司的大环境，单个部门的发展壮大是没有实际意义的。

2. 绝不逃避责任

某公司北京商务部与大连的客户达成长期合作，双方约定物流用空运。一次，商务部经理接受了该客户订购20台设备的订单，于是，为该客户调集设备，并负责空运。第二天，当货物装车运到机场时，当天的航班因天气原因取消，所以推迟到第三天发货，没想到第三天航班还是因天气原因取消。直到第四天，货物才运到客户手中。客户因此大为恼火，要求赔偿损失。

公司收到投诉后，调查原因。商务部经理认为客户需要的设备质量、数量均没问题，空运到大连也是按客户要求办的，不认为这是本部门的责任。

作为一名企业的中层管理者，这位商务部经理的想法显然是不对的。对任何事情，都应该从"如何满足客户需求"的角度出发，采取积极的行动。客户希望"空运"，不是真的需要"空运"，而是希望快速到货。当天空运不行，就应该寻求陆运等其他解决办法，而不是机械地按客户的要求和计划的流程办。事情发生后，商务部经理应当反思部门的流程，而不是一味推卸责任。不管是公司的事，还是其他部门的事，都要时刻站在当事人的立场上，把问题当成自己的事，认真思考应对策略。

企业的老板自然对内部的大小事务都要负责，方方面面的事都要考虑到，中层管理者虽然不是老板，但也要尽力去这样思考、实践。借口企业不好或是亏待了自己，而对企业的事务采取旁观者的态度，这样的中层管理者对于企业的老板来说没有任何存在价值。只有那些把企业的事务看成自己的问题，时刻把自己摆在当事人的位置上考虑问题、认真应对的中层管理者，才是有存在价值的。

因此，中层管理者在工作中应做到以下几点：

- 不要只盯着眼前，还要看到全局；
- 既要照顾到局部，又要考虑到整体；
- 时刻思考如何能够更好地满足客户的需求；
- 要有与其他部门精诚合作的意识；
- 要思考如何做才能符合老板和上司的意图；
- 要思考"如果有一天我到了那个位置，会如何处理"。

3. 培养核算意识

有一个园林工程企业，由于市场竞争激烈，他们中标的工程减少，公司出现了决算赤字。营销部门在设计事务所、行政部门、建筑商方面做了大量工作，又尽力压低了价格，好不容易才拿到合同，交给了负责施工的部门。当时营销部门的考虑是，虽然只有2%~3%的利润，但毕竟还能赚点儿钱。可没想到完工后一核算，竟全是赤字。于是，他们对施工项目进行了逐个审核，发现施工中的管理非常松散，在外购物品价格和材料价格方面都超出了预算。工程的负责人根本没有核算意识，不知道这个工程能有多大利润，也不懂得有时赔钱的工程也要做，目的是能继续获得合同，从而弥补先前的损失。

本来在投标时已经尽力压低了价格，那么在施工的过程中也要尽力降低成本才对，对外采购时一定要争取较低的价格，可由于施工部门负责人的核算意识较差，造成本来还能获得微利的工程最后赔了钱。这样的中层管理者，从来就不知道自己的工资是怎么发出来的，也不懂得维持公司运作的经费是如何运转起来的。

如果企业的中层管理者都和这位工程负责人一样，企业是不可能赢利的。中层管理者每做一样工作，都一定要有强烈的成本核算意识，对材料费、人工费等一一做出预算，最后能否赢利，也要有所判断。

为了提高核算意识，中层管理者要养成以下习惯：

- 了解每件商品、每座房产、每个项目的原价；
- 了解本部门、其他部门以及全公司每月的经营损益情况；
- 了解和掌握资金周转情况；
- 善于对本月、下月以及上期、本期、下期的经营业绩进行分析和预测；
- 预测两三年后的公司业绩情况。

如果你经常注意到以上几个方面，相信作为一个中层管理者，你的认识应该和公司的高管层不会有太大的偏差。

> **要点**

对于部门的最高负责人而言，要做好部门规划，需要以部门当家人的身份来考虑问题，应当树立以下三个观念：

1. 考虑整体利益；
2. 绝不逃避责任；
3. 培养核算意识。

【规划自我评估二】企业战略重点

说明：在使用本评估工具时，请针对各个标准进行规划评估。根据企业的实际情况打分，分值为1~7（1分代表最差，7分代表最优），并在空格里记录下分值。除了打分，还希望您能够仔细分析原因，尤其是对分数比较低的项。这些隐藏在分数背后的原因，不仅可以解释打分结果，更重要的是，能够帮助您采取相应行动以提高绩效。

以下标准用于确定部门所在企业在发展重点、资源调动以及区别于竞争对手的特定领域是否有清晰的定位。

评估标准	得分	评论
价值定位 企业有明确的发展战略，使其在特定市场实现价值增值		
战略重点的权衡 企业明白战略不应该面面俱到；企业的战略规划已经明确规定了组织在1~2个方面力争最优，比如、技术、客户关系以及运作效益等		

(续)

评估标准	得分	评论
年度核心目标 企业制定了2~5个年度核心目标；企业明白，在短短1年时间内，以组织现有的人力、物力水平，要达到5个以上的目标是不大可能的		
核心战略措施 企业制订了2~3项核心措施，促使企业按照既定方向发展		
内部协调机制 为了使整个企业的发展保持一致，企业内的沟通方式、标准化工具、方法措施应该能够确保各部门的工作与企业的整体规划协调一致		
明确"非核心业务" 为防止企业的行为超出战略规划的界限，避免资源和时间的浪费，战略规划明确指明了非核心业务的范围		
价值链的重点环节 企业战略规划指明了企业价值链中的重点环节，就是那些投入小、产出大的领域（价值链是指一种产品或服务在特定链条上运行时产生增值的系列活动；价值链因行业和企业的不同而不同，但在系列活动的高级链条却是相似的，即产品的设计、开发、生产和分销）		

资料来源：《组织战略规划评估》通用咨询工具。

[规划自我评估三] 企业定位

说明：在使用本评估工具时，请针对各个标准进行规划评估。根据企业的实际情况打分，分值为1~7（1分代表最差，7分代表最优），并在空格里记录下分值。除了打分，还希望您能够仔细分析原因，尤其是对分数比较低的项。这些隐藏在分数背后的原因,不仅可以解释打分结果,更重要的是,能够帮助您采取相应行动以提高绩效。

以下标准用于评估,对于企业存在的理由以及正在努力达到的目标,企业和企业成员的清晰程度。

评估标准	得分	评论
愿景 企业对于未来3~20年后业务会发展成什么样、会有什么样的外部影响力(如在全球、细分市场以及所在行业的影响),有着清晰的愿景目标 (例:"每张桌子上都有台电脑")		
使命 企业对于自身存在的核心原因的表述 (例:"为全球人士提供价格适宜的优质食品、优质服务")		
价值观 企业明确规定了一整套运作规则和成员行为规范;规则一旦发布,就应该成为企业成员的行事原则 (例:"我们中的任何人都不比我们作为一个整体更聪明"、"客户是我们做一切事情的核心")		

(续)

评估标准	得分	评论
文化 企业明确了一些有助于推行企业文化的关键因素,以便更好地实现企业战略;一旦确定了这些关键因素,就可以利用现有条件,激活并强化这些关键因素 (例:"我们提倡冒险,因为它可能导致创新和思维突破"、"我们利用团队协作来节约时间和降低成本"、"我们鼓励直截了当的交谈以及面对面的交流,以便更快地了解真相,并制订相应的对策")		
定位宣传 企业已将有关自身定位的信息通过市场营销、广告或其他方式向外界传播		

资料来源:《组织战略规划评估》通用咨询工具。

STEP 2
战略执行回顾

- 制订一个真正务实的部门规划，应当从回顾开始。
- 部门年度战略执行情况的回顾流程是：年度部门规划要点回顾—年度目标实现情况分析—年度主要工作盘点—年度工作整体评价。

一、战略执行回顾的意义和作用

如何确保企业的战略执行体系运作良好？重视和强化战略执行回顾工作是必然的选择。很多企业，特别是大中型企业，都制订了企业战略规划，但很多企业的战略规划并没有得到很好的执行，或执行效果偏差很大。企业在发展中不重视战略执行回顾环节，以及职能部门没有把战略执行回顾工作常态化，是战略规划执行效果不好的重要原因之一。

很多企业管理者认为企业战略规划是一次性事件，制订后就束之高阁。但实际上，制订战略规划，是一个不断学习的过程。企业战略规划是"制订—实施—回顾—修订—再实施"的渐进螺旋式调整上升过程。

战略执行回顾对提高规划实施的科学性、准确性具有重要的指导和现实意义。它通过对战略规划实施以来阶段性或全局性的总结和思考，对影响战略规划的内外部相关因素进行重新分析和评估，对相应的重大战略行动和中短期战略目标做出及时的调整和修正，从而保证企业的长远发展。

很多企业在成立之初，因为抓住了某个机会，通过要素驱动或投资驱动就实现了自身的成长壮大，但之后面临的问题是：如何把这些机会性的成就转变为战略性的成功？如何把企业家的洞察力和预见力拓展为企业战略的前瞻性和系统性？如何提升企业在行业中的专业水平和领先地位？这些问题的解决是一个漫长的过程，而最重要的是，这些问题都与企业的发展历史有关。

事实上，制订一个真正务实的部门规划，应当从回顾开始。企业总体规划有时间范围，相对较长，一般以3~5年为一个规划周期；部门规划也有时间范围，相对较短，一般以一个年度为规划周期。但无论是企业规划，还是部门规划，都以上一个周期的规划落实情况作为基准，以上一个规划终止时的水平，作为下一个规划周期的起始点。

因此，对本年度部门规划的实施情况做客观评价，是保证下年度部门规划实事求是、科学开展的基础。

部门年度战略执行回顾主要有以下作用：

第一，战略执行回顾可以跟踪绩效表现，加强执行力，实施和改进规划管理体系。

战略执行回顾为中层管理者提供了开放透明的、对绩效进行检验的机会，帮助其集中关注如何提高未来业绩，从而建立有效的规划实施保障系统，借助系列诊断手段和方法来检测规划执行的现状，以便发现问题，并及时跟进和解决。同时，还可以使中层管理者不断审视部门现有的战略规划体系，适时加以改进。

基于战略执行回顾的上述作用，部门应该定期召开战略执行回顾会，最好是每季度一次。

第二，战略执行回顾有助于企业中层管理者全面系统地思考问题，使全局利益最大化。

一般的经营回顾和业绩分析会仅仅看业绩的结果，并且通常是财务结果，而不对原因进行系统的分析，以致对整体因果链条认识不足，采取的措施也很少考虑其行为对企业中长期发展的影响。而战略执行回顾是系统地回顾过去一段时期内，战略规划实施的效果，包括一系列的年度目标，以及相应的发展策略。不仅分析目标的业绩结果，还要分析业绩不佳的原因，找到提高业绩的措施。更重要的是，通过对绩效的系统分析，检验规划是否存在问题，从而更精确地调整现有规划、制订新的规划。

第三，战略执行回顾是中层管理者了解和培养下属的良好契机。

在战略执行回顾的过程中，中层管理者将对参与人员的战略思考能力和全局把控能力有更多的了解，并对他们的潜力做出更为恰当的评估。可以说，战略执行回顾不仅是中层管理者了解下属的好机会，同时也是中层管理者指导和培养下属的好机会。

第四，战略执行回顾为中层管理者提供了定期讨论和沟通部门规划的环境。

在日常工作中，中层管理者在一起开会，一般都是就具体事项进行决策，很少讨论大的方向性问题。如果将战略执行回顾形成正常工作机制并定期召开会议，战略执行回顾会就能聚焦非日常工作，使部门形成高度的统一，使各级员工更好地理解企业战略和衡量战略执行效果的标准，并通过对目标实现情况的分析来不断反思现有规划。

> **要点**

对本年度部门规划的实施情况做客观评价，是保证下年度部门规划实事求是、科学开展的基础。

部门年度战略执行回顾主要有以下作用：

1. 可以跟踪绩效表现，加强执行力，实施和改进规划管理体系；
2. 有助于企业中层管理者全面系统地思考问题，使全局利益最大化；
3. 是中层管理者了解和培养下属的良好契机；
4. 为中层管理者提供了定期讨论和沟通部门规划的环境。

二、战略执行回顾流程

战略执行回顾流程因企业的性质和不同时段战略需求的不同而有所差别。一般来说，季度、半年度的战略执行回顾主要针对组织外部环境发生的具体重大变化，或组织日常重大策略及绩效是否偏离中长期战略目标和发展路径进行回顾和评估；跨年度的战略执行回顾主要是对组织的整体发展规划进行回顾、分析和修订，甚至不排除调整宗旨、使命和部门职责。但是，一个有效的战略执行回顾流程，其逻辑是基本不变的。具体到部门级的年度战略执行回顾流程，一般包括以下几个步骤。

1. **年度部门规划要点回顾**

重现前一个规划周期部门规划的核心内容，可以为年度自审提供标准，以客观地评价规划达成情况。同时，能通过规划要点的重现，在一定程度上保证部门规划的连续性。

可以选择以下内容作为本年度部门规划要点：
- 企业中长期规划的核心内容，如战略目标；
- 企业中长期规划中的各年度目标、策略；
- 本年度企业规划在本部门的分解和要求；
- 本部门年度主要工作项目安排。

2. 年度目标实现情况分析

根据本年度部门规划的主要经营目标及 KPI 指标，进行目标实现情况分析，包含业务目标和管理目标。同时依据部门实际情况，用图表等形式对部门上半年经营目标、KPI 指标完成情况进行分析，并与年度目标进行对比；必要时，将部分指标与上一年度年同期进行对比分析。

部门性质不同，其指标目标也各有差异。

一般业务部门的主要目标如表 2-1 所示。

表 2-1 业务部门主要目标指标列表

关键指标	细分指标
销售目标实现情况	年度销售完成率（量/额），也可细分至月度
	细分产品销售完成率（量/额），也可细分至月度
	细分区域销售完成率（量/额）
	……
销售费用指标	年度费用使用情况，也可细分至月度
	细分部门/区域费用使用情况，也可细分至月度
	单位销售收入所使用费用情况
	……

一般职能部门的主要目标如表 2-2 所示。

表2-2 职能部门主要目标指标列表

关键指标		细分指标
管理类指标		预算控制
		团队士气
		人工成本控制
专业类指标	人力资源类	人员到岗率、人员流失率、人才比例、人员费用率、人均培训时数等
	财务类	资产周转率、资产负债率等运营类,费用控制类,风险控制类等
	品牌类	品牌提升利润贡献率、品牌知名度、顾客满意度、公众关注度、危机事件处理成功率等
	信息类	运维服务满意度、ERP运行稳定性、信息项目准时完成率、信息安全事故次数等
	行政类	服务满意度、设备购置满足率、安全后勤满意度等

某公司拥有三大系列产品,A营销部门负责该三大品牌在国内市场的销售。A营销部门在做年度目标总结时,首先用图2-1呈现出最为关键的销售数据信息:

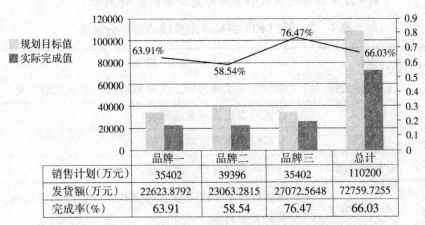

图2-1 多品牌产品销售目标实现率分析示意图

1. 年度销售额，包括三个品牌各自的销售额及本部门总销售额。

2. 年度规划值与实际完成值，以双柱图的形式表现，既呈现出两个值，也直观地表现出两个值的对比情况。

3. 目标实现率，包括三个品牌各自的目标实现率，并呈现出三个实现率的高低，及本部门总体的目标实现率。

对比本系统本年度各项工作目标的实现情况，也可以将指标划分为两类：实现情况良好的和未实现的。对实现情况良好的目标项做经验分享；对未实现的进行原因分析，判断其波及的领域和可能造成的影响，并提出改善措施。

本年度实现情况良好的目标的经验总结如表2-3所示。

表2-3 部门中实现情况良好的目标分析表

项目	描述
关键指标目标	完成情况良好的目标，及突出业绩呈现
责任人	实施的责任人及相应职位
原期限	本目标如有界定期限，请注明
机遇与经验	对本目标的实现起到促进作用的主客观条件

本年度未实现的目标的回顾与更新如表2-4所示。

表2-4 部门KPI指标中未实现的目标分析表

项目	描述
关键指标目标	本年度未实现目标，注明原定目标值及差距情况
责任人	实施的责任人及相应职位
原期限	本目标如有界定期限，请注明
未实现原因	内外部原因分析，需客观、真实
波及领域	该项目标未实现可能会对哪些领域造成不良影响，影响程度如何

(续)

项目	描述
是否需要在下一年度执行	该行动计划是否需要在下一年度继续执行,及原因描述
改善建议	克服过去障碍、保障实施的行动计划

3. 年度主要工作盘点

若年度主要目标回顾是"点",则年度主要工作盘点是"线";年度主要目标的实现情况主要通过定量的方式来衡量,年度主要工作盘点则是通过定性的方式来进行。对年度主要工作的盘点,可以通过回顾各项主要工作及工作目标、实施策略,就过程管理、成果及困难等做出评价,一般侧重于管理过程和行为。

年度主要工作主要来自两个方面:一是本年度规划中的主要工作项目;二是本年度本部门意外发生的重大事项,包括业务工作和管理工作。

某公司的营销部门本年度主要工作项目有三个方面。

团队建设:强化人才储备、人才培养,提升总部营销团队规划能力,提升区域管理人员执行能力。

售后服务:完善售后服务网络,提升售后服务人员专业素质、专业水平。

资源整合:提升后装驾驭社会资源能力,建立高效营销网络。

之后,此营销部门对这三个方面的主要工作项目进行分类总结,其中,第三项资源整合工作,又细分为多个子项(见表2-5)。

表2-5 某营销部门年度主要工作盘点

序号	工作项目	工作目标	工作策略	实际完成
1	经销商建设	（1）提升经销商运营能力（2）加强与经销商互动	（1）组织经销商到清华大学学习1年（2）针对经销商运营中面临的问题给予诊断和改善提升建议（3）邀请经销商参加公司营销决策委员会，共同探讨制订销售策略及方针等	（1）28家省级经销商的总经理参加清华大学的培训（2）在石家庄、长沙进行试点诊断（3）组织了3个季度的营销决策委员会和半年度经销商沟通会议
2	分销商建设	建成120家，实现网络全覆盖	（1）省级经销商业务全面下沉，强制要求经销商设立二级别分销网点（2）对个别省份经销商进行区域拆分	建成129家
3	会员店建设	建成1400家	（1）通过政策引导会员店定期做推广活动（比如广告制作、活动开展、店面形象建设、导购培养等）（2）推行严格的定点销售和价格保护	5月份定位中高端，要求优化为924家
4	专营店建设	……	……	……
5	合作伙伴开发	……	……	……
6	品牌建设	……	……	……
7	……	……	……	……

4. 年度工作整体评价

各部门第一负责人可以对本部门在本年度的整体表现做概括性评价，形成"面"状总结。如此，不仅可以突出表现部门所取得的成绩，也可以强调部门所遭遇的意外困难，使本年度工作回顾更有深度和高度、更具价值。对工作情况进行评估，包括亮点、不足及其原因分析三部分。

要注意的是，总结时须确保信息全面、思考充分，尽可能地总结执行效果和遇到的问题，剖析成败原因，并做到分析有深度，使之成为制订下一年度部门规划的重要依据。

> **要点**
>
> 部门级的年度战略执行回顾流程一般包括以下几个步骤：
> 1. 年度部门规划要点回顾；
> 2. 年度目标实现情况分析；
> 3. 年度主要工作盘点；
> 4. 年度工作整体评价。

【规划自我评估四】 战略执行回顾

说明：在使用本评估工具时，请针对各个标准进行规划评估。根据企业的实际情况打分，分值为1~7（1分代表最差，7分代表最优），并在空格里记录下分值。除了打分，还希望您能够仔细分析原因，尤其是对分数比较低的项。这些隐藏在分数背后的原因，不仅可以解释打分结果，更重要的是，能够帮助您采取相应行动以提高绩效。

以下标准用于评估部门规划制订流程的效率和效果。

评估标准	得分	评论
考虑客户和市场状况 部门的机制能够确保,在规划执行过程中,对市场现状和趋势加以考虑		
规划与行动计划相联系 除了制订规划,部门已经制订了行动计划,以确保规划的贯彻实施		
集体参与 规划及相关的行动计划,已经由一个有核心成员参与的集体共同制订		
时间充足制订规划 部门规划不是一两个小时就能决定的,通常要2~3天的集中时间,以确保参与者能够集中精力和注意力来制订规划		
回顾历史和当初的设想 部门花时间来了解,是哪些因素促使部门发展成今天这个样子,并重点回顾部门成功是基于当时的哪些设想		
规划的交流 部门已确定了规划的交流方式,以便各级员工更好地安排自己的工作,为实现部门战略做出贡献		
监督行动计划 部门已建立相应的机制,确保日常的工作压力不至于影响行动计划的实施		
持续关注环境变化并制订相应计划 中层管理者明白,市场的本质是动态的,因此应该随时观察外部环境的变化,而不是每年只考察一次;部门已建立了能迅速确认市场主流趋势以及客户习惯变化的工作流程,并将这些变化因素体现在规划的制订上		

资料来源:《组织战略规划评估》通用咨询工具。

STEP 3
确立部门目标

- 部门目标的来源：由企业战略目标和年度经营目标分解，由部门职责、职能产生，由部门内外客户的需求决定，由部门存在的问题和不足形成。
- 理想的目标具备的特征：上下认同，具体，可度量，可实现，相关性，有时限，"跳起来，够得着"。

一、确定部门目标的来源

作为企业的下属部门，其目标自然是以企业既定的目标为基础，并结合自身的条件和需求制定的。也就是说，部门目标产生的来源是：由企业战略目标和年度经营目标分解，由部门职责、职能产生，由部门内外客户的需求决定，由部门存在的问题和不足形成。

1. 由企业战略目标和年度经营目标分解

任何一个企业，都会有一个战略目标和年度经营目标。经营目标由战略目标分解而来，一般以"年"为单位，是实现战略目标的一个步骤和阶段性目标。比如，如果你想买一套售价100万元的商品房，则凑足首付额就是你的第一个经营目标。

一般来说，战略目标和经营目标总是以最抽象、最简练、最浓缩的词语或指标来表达，如实现销售收入多少、完成利润多少等。为了实现这些目标，我们必须从各种维度对它们进行分解。

所以，企业在制定中长期战略目标（即全局目标）之后，随即会将目标进行年度分解，形成阶段性目标，之后，必将阶段性目标在业务部门和职能部门中进一步分解，并在部门内部达成共识，转化为每位员工的行动目标。

简而言之，目标分解的步骤包括：

首先，将企业的总体目标分解为阶段性目标；

其次，将分解以后的目标分摊到各个部门；

再次，部门将分解以后的目标分派到岗；

最后，部门岗位对分解的目标任务落实检查。

按上面的步骤分解目标的优点在于，能够使管理者非常有效地判断职能部门的目标和整个企业的战略目标之间有没有形成对立，或者有没有建立起联系，从而检查职能部门的目标与企业目标之间的承接度。

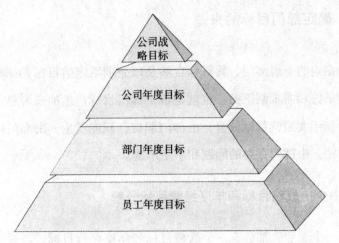

图 3-1　部门年度规划目标设立过程

2. 由部门职责、职能产生

从企业的角度来说，战略目标是集中资源办大事，并未将各部门职责范围内所有要做的工作一一列出。那么，作为部门，职责内所承担的工作与企业战略之间的关系是什么？部门基本职能有哪些？部门在实现企业战略目标和经营目标的过程中，履行什么义务、承担什么责任？哪些是职责内必须做的工作？这些问题的正确答案，就是部门的工作目标。

3. 由部门内外客户的需求决定

每个部门都因其他部门或员工的需求而存在，这些有需求于你的部门或员工，就是你的内部客户。外部客户就很好理解了。如果你的部门没有客户，那么它就没有存在的必要了。

客户的识别是容易的，但客户需求的识别就困难一些。通过与客户之间大量的信息交流，再运用换位思考、客户体验、统计分析等方法和工具进行分析，就应该知道部门还有哪些目标需要设立了。

4. 由部门存在的问题和不足形成

对那些长期没有得到解决的和解决不好的,且在下一年的部门规划中,如果再不得以解决,就会影响部门长期发展的一些问题,必须引起重视,将其列入部门规划,形成部门目标。

综上所述,部门目标的制定是一项集体工作,也是一系列承上启下的战略行动,是基于分解企业战略目标和结合部门资源能力现状进行的,所以制定目标要满足几方面的要求:

- 对上——部门目标必须对公司全局目标或上级单位目标进行分解与承接;
- 对内——必须履行职责义务,承担战略责任;
- 对过去——必须总结过去,解决已存在的问题;
- 对兄弟部门——需注重本部门与其他部门的工作协同;
- 对下——部门管理者与内部各负责人共同参与部门目标制定过程,并就部门目标在部门范围内征询意见,争取广泛达成共识。

部门目标的来源:

1. 由企业战略目标和年度经营目标分解;
2. 由部门职责、职能产生;
3. 由部门内外客户的需求决定;
4. 由部门存在的问题和不足形成。

二、设计部门目标体系的维度

部门目标体系维度的设计方法可以参考平衡计分卡的方法,从客户、财务、内部流程、学习与成长 4 个方面来设立。借鉴平衡计分卡的分析方法，是一种将策略巧妙转换成行动方案或工作计划的思维模式，我们从这4个角度设计部门目标指标体系维度，确定指标的目标值，也正是将部门目标体系与行动方案相结合，更好地发挥实施与监控的双重作用，使部门规划与绩效管理共同作用，促使部门实现目标。

与平衡计分卡以财务维度为核心这一导向不同，四维度部门目标制定法以客户维度为核心。

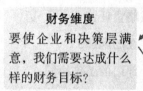
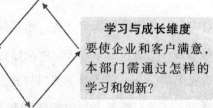

图3-2　四维度部门目标制定法示意图

1. 客户维度

其目标是解决"内外部客户如何看待本部门"及"本部门必须满足内外部客户的哪些需求"。

业务部门应该进行有效的市场细分，找到自己的目标客户群体，针对目标客户制定适当的市场目标，关键在于明确现有客户群体和潜在客户群体。客户对产品的满意度和市场占有率的实现情况是满足内外部客户需求的主要依据。

客户维度在制定目标的 4 个维度中占有主导地位，因为如果无法满足内外部客户的需求，企业总体的战略目标也很难实现。

2. 财务维度

其目标是解决"企业和决策层如何看待本部门"和"本部门的运作需要达到什么样的财务标准，才能使公司和决策层满意"。

业务部门的财务维度需要考虑两个方面，一是创造收入的理想上限，二是不能超出费用预算的底线；职能部门则更多地考虑费用和成本。财务维度是从股东和企业决策层的立场出发，来衡量和评价各部门取得立足与发展的资本，它能提升各部门的独立核算意识，更能为企业经济效益的提升产生积极作用。

3. 内部流程维度

其目标是解决"本部门的优势是什么"及"要使内外部客户满意，本部门需在哪些业务流程和内部运作上超越他人"。

四维度部门目标制定法认为，所有客户的满意和财务目标的实现，主要归功于部门内部运作的高效和有序。试想，如果部门内部没有非常完善的运作流程，怎么能谈得上对客户进行及时、准确的服务？又如何快速、高效地使部门的产品或服务面向公司、推到市场？

因此，关注导致部门整体运营效率和工作绩效更好的流程、决策、行动，特别是对客户满意有重要影响的部门内部流程，将会在很大程度上决定部门内外部客户的满意度，甚至决定企业在激烈的市场竞争中是否真正占有主导地位。

也就是说，企业要通过各部门内部运作的高效、有序，来提升企业整体运营效率，并实现产品技术更先进、质量更高、成本更低、供应周期更有保证、服务更可靠等，将内部整体运作效率变为公司的核心竞争力。

4. 学习与成长维度

其目标是解决"本部门如何提高自己的能力"及"为实现客户需求和财务目标,在内部运作方面,本部门需要具备什么样的技能和知识,需要通过怎样的学习和创新来获得这些技能和知识"。

部门要根据公司要求、部门需求和工作重点,随时打造符合战略要求的员工队伍。通常来讲,一旦公司的战略重点发生调整,公司的运作模式、组织流程就会随之发生调整,各部门的工作重点、工作策略也会随之改变,相应地,对部门员工队伍的知识结构、技能水平等也就提出了更高的要求。

在这一维度,各部门一般会采取"两条腿走路"的办法来实现:一方面,巩固部门的传统优势,并通过人力支援、团队建设等手段来保证内部优势开发效果最大化;另一方面,根据公司要求和部门需求,淘汰不符合要求的员工,并补充"新鲜血液",进一步强化部门的优势。

> **要点**
>
> 部门目标体系的设计方法可以参考平衡计分卡的方法,以客户维度为核心,从以下4个方面来设立:
>
> 1. 客户维度;
> 2. 财务维度;
> 3. 内部流程维度;
> 4. 学习与成长维度。

三、选取部门业绩指标

1. 部门业绩指标的选取方法

部门业绩指标,可以通过在部门目标产生的来源的基础上,运用关键业绩指标和参考平衡计分卡的方法来选取，做到在各层面都能纵向结合战略目标分解、横向结合业务流程。

(1) 选取关键业绩指标

关键业绩指标（key performance index，KPI）是指将企业战略目标经过层层分解，产生的可操作性的战术目标，是战略决策执行效果的监测指针。通常情况下，用关键业绩指标来反映战略执行效果。

一般而言，我们要首先明确战略目标，并利用头脑风暴法找出业务重点。然后找出这些关键业务领域的关键业绩指标，确定相关的要素目标，分析绩效驱动因素（技术、组织、人），确定实现目标的工作流程，分解出各级部门级的KPI，以便确定评价指标体系。

其次，各部门的主管和部门人员再将KPI进一步细分，形成各职位的具体业绩衡量指标，这些业绩衡量指标就是员工考核的要素和依据。这种对KPI体系的建立和测评过程，其本身就是统一全体员工朝着企业战略目标努力的过程，对各部门管理者的绩效管理工作起到很大的促进作用。

(2) 鱼骨图分解

指标的设定应该最大限度地体现企业的战略目标，利用鱼骨分解法对因果关联的分解，就可以将企业战略目标顺利地层层分解下去。

鱼骨图中的鱼头表示"战略目标重点"，大鱼刺表示"主关键成功因素"，小鱼刺表示"次关键成功因素"，次关键成功因素是对主关键成功因素的进一步分解，如图3-3所示。

关键成功因素（key success factors，KSF）是对企业的成功起关键作用的某个战略要素的定性描述，是满足业务重点所需的策略手段，是制订关键绩效指标的依据，并由关键绩效指标具体化、定量化，从而使之可以衡量。

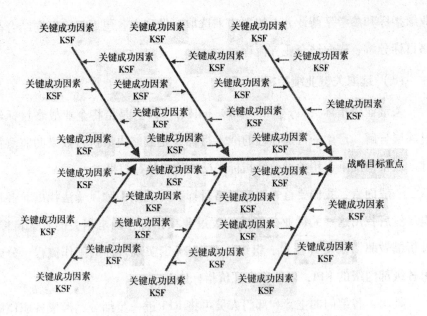

图3-3 战略目标重点鱼骨图

我们利用鱼骨分解法提取关键业绩指标,对"快速扩大销售规模"这个战略目标进行分解,如图3-4所示。

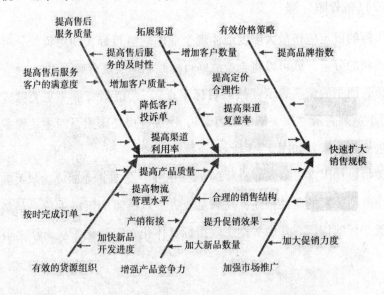

图3-4 利用鱼骨图分解"快速扩大销售规模"KPI

从上面的例子可以看出，鱼骨图不但明确地揭示了企业的战略重点，描绘出清晰的执行过程，而且揭示了企业应选择何种方式将无形资产转化为创造客户及财务层面利益的有形资产。更重要的是，它还能与平衡计分卡的衡量指标结合，作为战略目标实现与否的监测依据。

如果将平衡计分卡用鱼骨图来表示，即如图3-5所示。

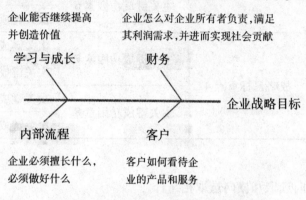

图3-5 平衡计分卡的鱼骨图示例

这样每个战略目标重点都形成了一个逻辑型的因果关系链的鱼骨图。接下来，将从战略目标分解下来的关键成功因素整理为表格，如表3-1所示。

表3-1 战略目标重点分解示意表

指标维度	战略目标重点	主关键成功因素	次关键成功因素
财务	战略目标重点1	主关键成功因素1	次关键成功因素1
			次关键成功因素2
		主关键成功因素2	次关键成功因素3
			次关键成功因素4
客户	战略目标重点2	主关键成功因素3	次关键成功因素5
			次关键成功因素6
		主关键成功因素4	次关键成功因素7
			次关键成功因素8

(续)

指标维度	战略目标重点	主关键成功因素	次关键成功因素
内部流程	战略目标重点3	主关键成功因素5	次关键成功因素9
			次关键成功因素10
		主关键成功因素6	次关键成功因素11
			次关键成功因素12
学习与成长	战略目标重点4	主关键成功因素7	次关键成功因素13
			次关键成功因素14
		主关键成功因素8	次关键成功因素15
			次关键成功因素16

(3) 纵向选取和横向选取相结合

关键业绩指标和平衡计分卡都是极佳的绩效战略管理工具，如果将关键业绩指标和平衡计分卡完美地结合起来，就能实现其绩效管理效用的最大化。

①纵向——关键业绩指标。

关键业绩指标是将企业战略转化为部门内部流程的过程和行动的指标，也是衡量企业战略实施效果的关键指标。它能找出公司成功关键因素，有助于制订各部门关键绩效指标，让公司战略目标可以由上至下进行层层分解。

②横向——平衡计分卡。

平衡计分卡兼顾客户、财务、内部流程、学习与成长4个层面，强调目标均衡，部门间、岗位间横向关联，使长期目标与短期目标并重。

所以，选取业绩指标应当结合公司战略，使公司战略目标与各部门绩效指标之间有相互关联性、牵引性，最后再分解到每个岗位。

表3-2为制订部门规划时用4个维度选取指标的范例。

表3-2 四维度部门目标制定法的指标体系列表

维度	关键指标
客户维度	外部客户：产品（价值、质量、技术、品牌等），服务满意度，市场占有率，销售规模
	内部客户：上下游部门协作水平、服务态度等
财务维度	收入：部门理想收入、回款率等
	费用：业务费用率、管理费用率、成本费用率等
内部流程维度	内部运作效率提高、成本降低、质量和服务提升、流程优化、生产周期缩短、新产品开发速度加快等
学习与成长维度	员工满意度、培训时数、团队建设活动等

下面以人力资源部门的业绩指标选取为例，说明四维度部门目标制定法的具体运用（见表3-3）。

表3-3 基于平衡计分卡的人力资源部业绩指标

类型	目标	序号	具体指标	指标说明	数据来源	指标定义计算公式
客户类	员工满意度	1	员工满意度	员工对公司人力资源制度的满意度	员工满意度调查	对员工满意度调查的算术平均数
财务类	费用成本控制	2	部门费用预算达成率	当年部门实际发生费用与预算费用的比例（以财务部下发的预算费用表为准）	各部门费用实际及预算资料	（实际部门费用÷计划费用）×100%

(续)

类型	目标	序号	具体指标	指标说明	数据来源	指标定义计算公式
		3	薪资总额预算安排达成率	当年人工总成本实际发生额占人工总成本预算的比例	薪资费用实际及预算资料	（实际发生成本÷计划费用）×100%
		4	招聘费用预算达成率	当年实际发生招聘费用与预算费用的比例	招聘费用实际及预算资料	（实际发生费用÷计划费用）×100%
		5	培训费用预算达成率	当年实际发生培训费用与预算费用的比例	培训费用实际及预算资料	（实际发生费用÷计划费用）×100%
内部流程类	制度建设	6	制度和流程的书面化比例	书面化的制度和流程所占的比例	需要书面化的制度和流程数量	（书面化的制度和流程÷需要书面化的制度和流程）×100%
	薪酬管理	7	员工工资出错次数	员工工资发放出错的人次数	工资发放记录	（错误发放的工资人次数÷发放的工资人次数）×100%
	绩效管理	8	员工绩效计划的按时完成率	及时完成的业绩计划数量占应完成的业绩计划总数的比例	绩效考核的记录及绩效考核计划	（按时完成的绩效考核数÷绩效考核总数）×100%

(续)

类型	目标	序号	具体指标	指标说明	数据来源	指标定义计算公式
		9	员工绩效考核申诉处理及时性	及时处理的绩效考核申诉占申诉总数的比例	申诉记录	（按时完成的考核申诉÷考核申诉的总额）×100%
招聘管理		10	招聘空缺职位所需要的天数	当年所有空缺职位招聘平均时间	招聘记录	（空缺职位总数÷招聘职位所用的总天数）×100%
		11	人员编制控制率	公司人员编制的控制程度	工作记录及人员计划	（实际人数÷计划编制人数）×100%
福利保险管理		12	员工四险一金办理的及时性和计算出错率	员工四险一金办理的及时性和计算出错率	员工福利记录和保险缴纳记录	（错误办理的人数÷办理的工资人数）×100%、（按时完成的人数÷应办理的总人数）×100%
培训管理		13	员工培训满意度	员工对培训的满意度	培训评估记录	对员工进行满意度调查的算术平均数
		14	员工培训完成率	员工培训计划的按时完成情况	培训记录	（按时完成的培训数量÷培训计划总量）×100%
员工管理		15	劳动合同的管理	员工劳动合同签订、变更、续订和终止的及时性	工作记录	（未签订劳动合同的员工÷应签订劳动合同的员工）×100%

(续)

类型	目标	序号	具体指标	指标说明	数据来源	指标定义计算公式
学习与发展类	日常管理工作	16	员工入、离职手续的办理	员工入、离职手续办理的及时性	工作记录	员工实际办理入/离职手续时间-员工应按规定办理入/离职手续时间
		17	档案完整性及数据更新及时性	公司内部档案的完整性及数据更新的及时性	工作、档案记录及内部资料记录	（已归档人数÷应归档人数）×100%
	员工流失	18	员工流失率	自动离职员工的数量	人员流动报表	（离职人数÷平均人数）×100%
	劳动生产率	19	人均运营收入	当年公司全年运营收入与全年员工平均人数之比	财务报表及人员统计表	（全年运营收入÷全年平均人数）×100%
	各部门内部管理	20	部门内部员工满意度	员工对该部门工作氛围、领导风格等的满意度	员工对部门满意度的评价	对员工进行满意度调查的算术平均数
	员工培训	21	部门培训完成率	部门的培训完成情况	培训记录	（部门培训实际完成情况÷部门培训计划完成数量）×100%
		22	部门员工参加培训率	部门内部员工参加培训的情况	培训记录出勤记录	（实际参加培训数量÷应参加培训总量）×100%

2. 部门业绩指标的选取原则

并不是所有的指标都是关键业绩指标,只有支持企业发展战略、对企业组织目标的实现起增值作用、代表部门核心职责的指标才是关键业绩指标。选择关键业绩指标,一般坚持以下4个原则。

(1) 战略性原则

指标是工具,用来指导行动。因此必须以战略为导向,所有指标均要指向战略的实现,如果所选取的指标与战略无关,或者没有关联起来,那么就会分散和浪费资源,影响战略的实现。

(2) 二八原则

指标的选取要符合一个重要的管理原理——"二八原则"。在一个企业的价值创造过程中,存在着"20/80"的规律,即80%的工作任务是由20%的关键行为完成的。因此,必须抓住20%的关键行为,对之进行分析和衡量,这样就能抓住规划的重心。

(3) 定量和定性相结合原则

所选择的指标必须是可衡量的,所以,要将定量指标和定性指标相结合。如果结果能用数量表示,就选用定量指标,尽量用数量表示;如果不能用数量表示,或者用数量不能最有效地衡量,则需要用一些工作过程中的关键行为或可以清晰且容易判断的动作来表示,如"完成报告并通过会议审议"等定性指标。指标体系应该是定量指标和定性指标相结合的,最终目的是可衡量。

某公司行政人事部门的规划目标如下:

1. 服务满意率98%,力争100%。
2. 会议精神传达、贯彻执行率100%。
3. 行政人事部人员都要会写公文;选拔、培养后备人员2~3人,选拔、培养文秘人员3~4人。

4. 预算内费用降低10%；档案归档率95%，完好率100%。

5. 重大治安消防事故为零。

以上指标，基本上都有数据支持，但是有些数据是无法计算和取得的，如"服务满意率98%，力争100%"。可以用同时规定具体完成数据的方法来解决，但这样要注意取得数据的投入成本，成本过大就不可取。如"会议精神传达、贯彻执行率100%"，数据取得的成本很大，不如改为"由领导定性打分评价"。"档案归档率95%"的数据也不好取得，可改为"差错率"等指标。而"重大治安消防事故为零"，直接改为"无重大治安消防事故"即可。

（4）可实现原则

目标应该实用，一目了然，可操作。好看而无用，或者有用但取得成本过高的指标基本上是不可实现的，是废指标。

要点

部门业绩指标的选取，要做到在各层面都能纵向结合战略目标分解，横向结合业务流程。在进一步细化目标、选取指标的时候，还需要坚持4个原则。

1. 部门业绩指标的选取方法。

（1）选取关键业绩指标；

（2）鱼骨图分解；

（3）纵向选取和横向选取相结合。

2. 部门业绩指标的选取原则。

（1）战略性原则；

（2）二八原则；

（3）定量和定性相结合原则；

（4）可实现原则。

四、如何制定出理想的目标

有一头马和一头驴子是好朋友。后来这匹马被玄奘选中，前往印度取经。

17年后，这匹马回到长安，重见它的朋友驴子。老马谈起这次旅途的经历，让驴子听了大为惊异。

驴子惊叹道："你有多么丰富的见闻呀！那么遥远的道路，我连想都不敢想。"

"其实，"老马说，"我们走过的距离是大体相同的，当我向西藏前进时，你一刻也没有停步。不同的是，我有一个遥远的目标，并按照始终如一的方向前行，所以我走进了一个广阔的世界。而你被蒙住了眼睛，一生就围着磨盘打转，所以永远也走不出狭隘的天地。"

马和驴子的目标不同，造成最后结果不同。有了目标不等于能得到好的结果，一个好的目标，应该能调集资源，激励员工，实现效益最大化，并且是谁都能看懂的。

所以，在部门规划过程中，应明白好目标具有的特征，知道如何制定出"聪明"的目标。

1. 要上下认同

部门制定的目标应该与企业高层保持一致，并且一定要获得部门内部所有员工的认同，即使有些下属不能立即认同，也要设法通过合理的方式使其认同，要做到人人对目标心里有数。

普通员工不可能与领导层同步地理解企业目标，因此，沟通是很重要的，即使知道员工已经很好地理解了部门目标，你也要通过沟通的方式进一步确认和巩固。

2. 要符合 SMART 原则

制定目标看起来是一件非常简单的事情，几乎每个人都有过制定目标的经历，但是如果要把制定目标上升到技术层面的话，就需要 SMART 原则来帮忙了。SMART 原则分 5 个方面。

(1) S 代表具体（specific）

目标描述要用具体的标准，不能笼统，不能模棱两可，一定要表达出清晰明确的准则。

如将目标定为"提升客户满意度"，这时接到目标的员工便不知道怎么开展工作了，因为提升客户满意度的方法很多，如增加产品的功能、降低产品价格或送货及时，等等，因此目标不能太笼统。中层可根据岗位特点设立具体的提升客户满意度的目标。如对物流部门，设定目标为"送货要及时"，这个时间可以是 2 个小时或 2 天，要根据业务特点确定。

(2) M 代表可度量（measurable）

只有能被衡量的，才能被管理。目标不能用模糊的语言或感受去评价，最终一定要被具体量化的数据所衡量，这样才能有理有据地评价员工的真实绩效。

如果对人力资源专员设定目标为"尽快完善人力资源制度"，这里"尽快"就不能衡量，是一个月还是半年？另外，要完善哪几项制度，而制度确定后怎么才能算是完善？这些都需要有具体的可衡量的标准。

(3) A 代表可实现（attainable）

目标的设定应是员工在付出努力的情况下可以实现的，如果设定的目标太高，员工从开始便失去了信心，产生放弃的念头，目标设置便失去了意义。有很多中层管理者习惯于用命令的方式将目标强压给员工，虽然员工表面上勉强接受，但在心里却极不认同，在实施计划时也不会心甘情愿地百分之百付诸努力。因此,在设定目标时要进行详细的分析,还要与员工进行深入的沟通。

(4) R 代表相关性(relevant)

目标的设定要与本岗位的总目标有关联,如果这个目标与总目标不相关,那么就不是一个关键的目标,设置的意义就不大。另外,所有目标都要与本岗位职责相关。如果要求一名财务人员提升销售业务技能,显然是不恰当的,因为这既与财务人员职责不相关,也不会对财务人员工作绩效产生很大的促进作用。

(5) T 代表有时限(time bound)

目标的设定还要注重完成的特定期限,就是要有时间要求。没有时间要求就不能有效地衡量目标。时间期限可以反映目标的轻重缓急,如比较紧急的需要一周内完成,其他不太紧急的一个月内完成。这样可根据目标权重、急缓情况制订实现目标的时间进度表,并依照进度表阶段性地检核目标实现情况。

中层管理者无论是在制定本部门各岗位工作目标或工作计划,还是员工的绩效目标时,都应考虑一下目标与计划是不是符合 SMART 原则,这 5 个原则缺一不可。只有符合 SMART 原则的目标和计划,才是具有可实施性的,也才能指导保证计划得以实现。

3. 要"跳起来,够得着"

目标必须是要经过努力才能实现的目标。只有经过了努力实现的目标,才能使员工有成就感,才能对员工有激励作用。

目标要有挑战,但要恰到好处。很多人都认为,挑战越大,满足会越多。但事实上,人们不喜欢特别艰难的挑战,或者是根本无法测试他们能力的挑战。人们喜欢能给他们一些压力的目标,但压力不要太大。所以,理想的目标是"跳起来,够得着"的。

我们以某电子类公司的研发部门为例，按照四维度部门目标制定法来确定指标体系，并结合 SMART 原则来进行。

1. 客户维度。

（1）外部客户：新产品客户评测一次通过率 >95%。

（2）内部客户：

①营销立项产品项目完成率 =100%；

②技术服务部提交技术解决问题解决率 >98%；

③设计质量缺陷率 <3%。

2. 财务维度。

（1）每个研发项目实际费用 < 项目预算费用；

（2）部门每季度实际开支 < 预算费用。

3. 内部流程维度。

（1）主板项目研发周期 <60 天；

（2）每个项目修改版本次数 <3 次；

（3）pilot run（试产）上线直通率 >90%。

4. 学习与成长维度。

（1）每年新设计平台产品数 >6 个；

（2）新增技术专利数 >15 个。

> **要点**

好目标具有的特征：

1. 要上下认同。

2. 要符合 SMART 原则。

（1）具体；

（2）可度量；

（3）可实现；

（4）相关性；

（5）有时限。

　3. 要"跳起来，够得着"。

【规划自我评估五】愿景目标能力

　　说明：在使用本评估工具时，请针对各个标准进行规划评估。根据企业的实际情况打分，分值为1~7（1分代表最差，7分代表最优），并在空格里记录下分值。除了打分，还希望您能够仔细分析原因，尤其是对分数比较低的项。这些隐藏在分数背后的原因，不仅可以解释打分结果，更重要的是，能够帮助您采取相应行动以提高绩效。

　　以下标准用于评估中层管理者制定愿景目标，促进部门发展的能力的大小。

评估标准	得分	评论
确保部门有一个愿景 中层管理者确保部门有一个愿景，即部门未来将对企业、社会产生什么样的影响，且让部门成员充分理解（某些情况下，中层管理者不需要亲自制订愿景，但要保证这样一个愿景确实存在）		
认清现实 中层管理者对外部情况以及如何与外部世界互动有清楚的认识；中层管理者不会被固有的设想和信念所蒙蔽，相反，还可以帮助别人认清现实存在的机会和挑战		
调动资源 中层管理者能够认清应该优先发展的领域，以及投入小、回报高的领域，确保资源（财力、人力、时间）向这些领域流动		

(续)

评估标准	得分	评论
在各级员工中培养领导人才 部门有计划地在各层级，而不只是在高层中培养领导人才		
同时对上下级负责 部门的各级负责人认识到，他们不仅要对上级负责，也要对下级负责		
根据高层的战略目标，制定本部门目标 能根据企业高层发布的相关信息，制定本部门的目标		

资料来源：《组织战略规划评估》通用咨询工具。

STEP 4
做好环境分析

- 环境分析既包括企业环境分析和部门环境分析,又包括内部环境分析和外部环境分析。
- 运用 SWOT 分析法,可以认清部门的优势和劣势,寻找部门发展的机会和阻碍部门发展的威胁,为部门提炼战略规划做出导向。

一、什么是环境分析

"环境分析"是指用各种方法对自身所处的内外部环境进行充分认识和评价,以便发现市场的机会和威胁,确定自身的优势和劣势,从而为企业战略管理提供指导的一系列活动。包括企业环境分析和部门环境分析。

1. 企业环境分析

企业环境分析,包括外部环境分析和内部环境分析。

企业外部环境分析包括企业所处的政治法律环境、经济环境、技术环境、社会文化环境、自然环境等内容。

而企业内部环境分析一般包括技术素质、经营素质、人员素质、管理素质、财务素质等5个方面。

2. 部门环境分析

企业战略规划是企业的生存之道,必须实事求是,部门规划也是如此。各部门制订规划时,必须借助战略环境分析工具,充分观察、分析自身的经营环境,为本部门的良性发展提供依据,以实现本部门对公司整体发展的支持和带动作用。

部门经营环境可从多个层面来扫描,从行业环境中,从部门与公司之间、部门之间、业务部门与职能部门之间、部门内部之间等关系中,均可以明确部门经营的环境。

图4-1为营销部门所面临的一般经营环境,外部环境压力主要来自市场环境、竞争对手和中间商,内部影响主要来自于技术研发、品牌、制造、供应链等相关部门,及财务、人力、行政等支持保障性部门。

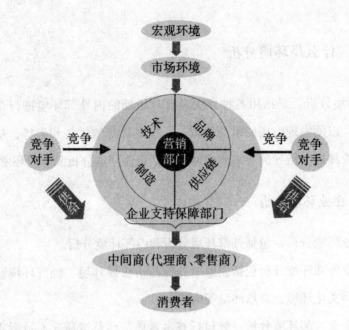

图 4-1 营销部门经营环境分析路径

要点

战略环境分析：

1. 企业环境分析；
2. 部门环境分析。

二、外部市场环境分析

与企业战略对外部环境的分析不同，部门规划的立足点在于本部门，因此，在分析本部门所面临的外部环境时，需要从本部门的角度来预测外部市场环境的形势变化，及这一变化对本部门可能造成的影响。相对而言，外部市场环境对业务部门的影响更为直接、影响面更广，对职能部门的影响较为缓慢、多为间接。因此，我们主要以业务部门的外部环境分析为例，介绍部门的外部市场环境分析。

对业务部门来讲,既要环顾行业形势、竞争对手状况、客户纵向业务链等情况,也要考虑笼罩整个行业的宏观大势。相对而言,技术研发部门关注行业和消费者,市场部门更关注消费者和竞争对手,销售部门则更关注竞争对手和分销商。

1. 宏观环境分析

通常使用 PEST 工具进行宏观环境分析,判断宏观环境对于企业战略或业务战略的影响。PEST 分析将外部宏观环境分为 4 个方面:政治环境(P)、经济环境(E)、社会环境(S)、技术环境(T),如图 4-2 所示。

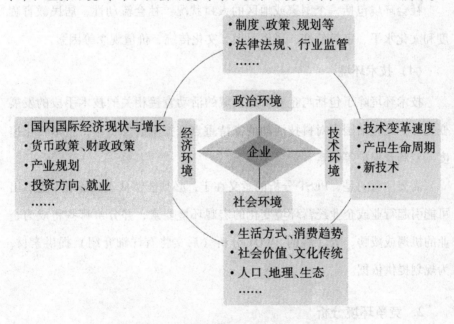

图 4-2 业务部门宏观环境分析路径

一般而言,在做公司级战略规划时,已经对企业所涉及的业务进行了充分的宏观分析,部门只需在必要时进行与本部门直接相关的宏观环境分析即可。

(1) 政治环境

政治环境包括企业所在国家和地区的政局稳定状况;政府行为对企

的影响，执政党所持的态度和其政府的方针特点、政策倾向对企业活动的影响，及其连续性和稳定性等。另外，还包括了国家法律规范的健全程度和企业法律意识及国家司法、执法机关状况等。

（2）经济环境

经济环境主要指一个国家的社会经济结构、经济发展水平、经济体制、经济政策、经济状况和其他经济影响因素，还包括企业所在地区或所服务地区的消费者的收入水平、消费偏好、储蓄情况、就业程度等因素。

（3）社会环境

社会环境包括一个国家或地区的人口状况，社会流动性，居民教育程度和文化水平、宗教信仰、风俗习惯、文化传统、价值观念等因素。

（4）技术环境

技术环境除了包括与企业所处领域的活动直接相关的技术手段的发展变化外，还包括国家对科技活动的支持重点、技术研发费用、技术转化速度、专利及保护等因素。

需要注意的是，PEST分析的意义在于，必须能够从宏观环境中提炼出可能引起行业或企业经营环境变化的宏观环境要素，并分辨哪些将成为企业的机遇或威胁，为之后的SWOT分析（后文将有详细介绍）提供素材，为规划提供依据。

2. 竞争环境分析

波特五力竞争模型常常被用于分析企业或部门所处的竞争环境，它把大量不同的因素汇集在一个简便的模型中，一次分析一个行业的基本竞争态势。5种力正是竞争的5种主要来源，即供应商的议价能力、购买商的议价能力、潜在进入者的威胁、替代产品的威胁、同业竞争者的竞争。不同力量的特性和重要性会随着企业和部门的发展情况而变化。

波特五力竞争模型可以帮助业务部门有效地分析自己的竞争环境，也有助于识别行业或者企业竞争的主要因素，以便更好地进行业务规划。

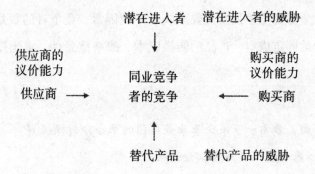

图 4-3　波特五力竞争模型

（1）潜在进入者的威胁

潜在进入者的威胁大小取决于进入壁垒的高度。而影响壁垒高度的主要因素包括：规模经济、客户忠诚度、资本金投入、转换成本、对销售渠道的使用权、政府对执照的发放、现有产品的成本优势等。

（2）供应商的议价能力

供应商的议价能力取决于供应商的供应价格和产品质量及服务的质量。影响其议价能力的主要因素包括：市场的替代品、产品和服务的转换成本、行业集中度、对供应产品的依赖度、采购比例、供应商的销售能力等。

（3）购买商的议价能力

购买商的议价能力取决于同类产品和服务的竞争及双方的谈判地位。影响其议价能力的主要因素包括：销售量占比、替代产品、产品和服务的转换成本、购买产品和服务成本的占比、采购谈判技巧、购买商的自行制造能力等。

（4）替代产品的威胁

替代品会通过几个方面来影响一个行业的赢利性：设置价格上限、改变需求量、迫使企业投入更多资金并提高其服务质量等。

(5) 同业竞争者的竞争

同业竞争者的竞争强度主要取决于下列因素：竞争者的数量、行业增长率、行业的固定成本、产品的转换成本、战略重要性、退出壁垒、行业不确定性等。

下面，来看一下某企业业务部门的业务分析模板。①

1. 基本情况（业务细分情况）。

细分方法：地域、产品、客户、其他。

细分结果：按所选标准的细分结果，可以组合细分。

表4-1 各细分业务概况示例

细分业务	业务规模	利润水平	增长率（利润、营业额等）	竞争者数量	业务集中度	竞争激烈程度
桌面产品	×亿元	×%			高度垄断	微弱
决策类产品					几大竞争者	强烈
业务总体						中等

注：业务规模可采用业务总销售额指标，利润水平可采用净利润、息税前利润、ROIC等指标。

2. 一般环境分析。

---

① 表格内容均源于通用咨询工具。

表4-2 业务部门一般环境分析示例

方面	影响因素	变化趋势	有利/不利	对部门的影响强弱	发生的可能性
政策			+	A	A
			−	B	C
			+	C	B
宏观经济					
技术					
社会和人口					
其他					

注：影响强度（A最强，C最弱），发生可能性（A非常可能，C不太可能）。

3. 产业链分析。

表4-3 业务部门产业链分析示例

方面	关键因素的变化	对部门的影响	潜在对策	是否采用
客户				
供应商				
分销渠道				
……				

4. 竞争环境分析。

表4-4 业务部门竞争环境分析示例

竞争者	采用战略	资源/能力优势	对部门的威胁	部门针对该竞争者对策
A公司				
B公司				
×部门			—	—

5. 关键成功要素分析。

表4-5 业务部门关键成功要素分析示例

KSF	说明	部门现有能力
市场开发能力		
风险控制水平		
研发能力		

根据以上分析,得出如下结论。

结论1:现有细分业务调整建议。

表4-6 现有细分业务调整建议示例

细分业务	细分业务关键情况列举	对部门的建议

结论2:该业务内新兴增长点投资建议。

表4-7 业务内新兴增长点投资建议示例

增长点	与部门的相关情况	对部门的建议

3. 对职能部门的外部环境分析

一个企业的职能部门包括市场销售系统、财务系统、供应链系统（包含生产管理系统）、人力资源系统、质量和研发系统等各部门。职能部门并非像通常认为的，不受外部环境影响，事实上，职能部门既需要业务部门传递回来的市场信息，也要考虑专业领域的外部情况——行业水平和地区水平。

职能部门可以经由公司或业务部门的视角，去扫描外部市场环境，从中判别能够对本部门产生作用的因素，并描述这些因素的正负影响。

职能部门面临的外部专业环境主要来自两个方面：

（1）专业领域的行业水平

各管理专业都需要向行业标杆、优秀企业学习或借鉴，如人力资源部门在制订各部门管理跨度时，需要参考行业水平，或行业优秀企业的做法，以利于设计出更合理的组织结构。

（2）专业领域的地区水平

企业各管理方式和标准都不能脱离其地域背景。如某地区的企业需引进高级研发人员，其提供的薪酬待遇就应在本地区平均水平之上，甚至超越平均水平。

分析各影响因素时，必须确定这些因素能对本部门产生直接或间接的影响。比如，人力资源部门可根据外部市场的就业、招聘、薪酬等方面的情况及变动趋势，探讨对本系统发展思路、年度规划的影响等。

需要强调的是，职能战略的最终目标是持续提升企业的核心竞争力。

要点

部门外部市场环境分析（以业务部门为主）：

1. 宏观环境分析。

（1）政治环境；

（2）经济环境；

（3）社会环境；

（4）技术环境。

2. 竞争环境分析。

（1）潜在进入者的威胁；

（2）供应商的议价能力；

（3）购买商的议价能力；

（4）替代产品的威胁；

（5）同业竞争者的竞争。

3. 对职能部门的外部环境分析。

（1）专业领域的行业水平；

（2）专业领域的地区水平。

三、企业整体情况分析

市场是企业最根本的生存空间，而企业则是其内部各个部门最根本的生存空间。部门需要对其生存空间进行扫描，内容主要包括：

● 目前企业整体经营状况、文化氛围等对本部门的发展思路、年度规划的影响。

● 本部门与企业内部上下游部门的协作关系对本部门可能产生的影响；协作关系中，哪些因素的影响较大。

主要分析内容如表4-8所示。

1. 企业经营状况

企业通过赢利才能维持运转。但在实际工作中，由于工资每月会自动汇入员工账户，员工已经对此习以为常，哪怕是企业靠借贷发工资，员工也会无从知晓，就算知道了，也可能无动于衷。普通员工倒也无所谓，但中层管理者也这样的话，企业可就面临危险了。

表4-8 企业整体情况分析的项目列表

项目	需要分析的内容
企业经营状况	1. 企业的赢利水平、赢利状况等 2. 企业整体的运营管理水平、管理效率
企业文化氛围	1. 企业核心文化是否具有感召力和凝聚力 2. 工作氛围能否使员工感觉专业、舒服
企业协作环境	1. 企业的协作氛围、部门的积极协作意识 2. 本部门对上下游部门的沟通与协作 3. 本部门对企业其他部门的支持和服务

在很多企业都可以看到这样的情景，由于不了解公司的现状，中层管理者在日常工作中没有危机感，根本不会主动考虑如何拿出改进措施，改善企业的经营管理；而企业老板却正在感叹手下主管人员不得力。终于，局势恶化到无法收拾的地步，中层管理者才有所觉悟，但是已经无力回天了。

所以，了解公司状况，对中层管理者制订规划、推动部门和公司的发展大有裨益。

中层管理者可以通过以下方式来认识、把握公司的经营情况：

- 每月用数据正确地把经营现状表现出来；
- 每月分析维持现状会对未来造成什么样的后果；
- 判断是否由于目标水平过低，导致员工满足于现状，没有危机意识；
- 反省是否由于中层和高层没能发挥强有力的领导作用，没能明确提出改进方案；
- 清醒地认识到，什么是对公司未来发展最具有意义的事。

2. 企业文化氛围

近些年来，有越来越多的企业意识到企业文化氛围建设会对组织、员工产生巨大的影响作用，并逐步将企业文化、价值理念内化到员工观念和行为中去，以营造和谐高效的企业氛围，影响组织、员工的心理和行为。

企业文化氛围是孕育部门组织气候的土壤，组织气候是部门所表现出来的群体气氛，是企业文化氛围在日常行为上的表现，是部门内部的小环境、软环境。如果一个部门存在着和谐、良好的"组织气候"，所属成员便会激发出积极工作的动机。

评价企业文化氛围可以从以下几个方面进行：

- 核心价值观；
- 领导方式、管理风格；
- 人际关系；
- 公司上下心理相融的程度。

有一家公司，指定每天下午用半个小时作为员工之间的沟通时间，可以沟通工作内容，也可以闲聊神侃。同时，还规定各部门划出一个半到两个小时，在这个时间段，大家各自专心完成自己的分内工作，不发生互相联系。这使得大家既有充分沟通的时间，使得身心舒畅，又能通过专心致志地工作，形成提高工作效率的方式和习惯。通过实施这些改进措施，这家企业的整体工作效率提高了20%~30%。

3. 企业协作环境

企业作为一个组织，本来将主要精力都放在如何快捷地满足顾客的需求上，但随着企业规模日趋庞大之后，主要精力不得不放在如何维持企业运转上，不仅无力再满足不断变化的顾客需求，还产生了很多无谓的成本，降低了企业的运营效率。提高公司运营效率要靠各部门的齐心协力，这不仅需要提升各部门内部的工作效率，还要提升各部门之间的协作关系、部门之间的沟通交流效率。

有一家电子科技公司，具有明显的业务导向，在高速发展时期销售收入连续几年以超过50%的速度增长。然而，为应对销售规模的急剧扩张，公司内部组织也发生了裂变，由原来只有几个关键闸口部门，发展到职能部门一应俱全，管理层级也相应增多，但企业的管理模式和管理能力却没有相应提升，造成企业运营效率明显降低。此外，一些"接口"部位也出了问题，比如，在顾客与企业的接口部位，都存在着问题，在部门之间的接口部位，在同一部门内不同工作负责人之间的接口部位，在本部门与其他部门不同工作负责人之间的接口部位，在纵向关系中上下两级的接口部位。分工的细化本来是为了提高企业整体的效率，但如果处理不好这些接口部位的关系，就会产生一些负面的因素，成为提高效率的障碍。

为改变这种状况，这家公司在公司内部推行"服务转型"，以提升各部门之间的服务意识和工作协同，来推动管理层、执行层在思想意识、工作方式、横向协同等方面的"上下同欲"和"创新转型"。这实质上已经触及企业管理的深层结构，是一次自上而下的管理变革。

> **要点**
>
> 企业整体情况分析：
> 1. 企业经营状况；
> 2. 企业文化氛围；
> 3. 企业协作环境。

四、部门内部环境分析

1. 内部环境组成要素

内部环境是指组织内部的各种影响因素的总和。它是随组织的产生而产生的，在一定条件下可以被控制和调节。组织内部环境主要由组织任务、组织视野和核心价值观等要素组成。在分析层面上可以从组织的资源和能力两个方面来理解。

一般来说，先有资源才有竞争力。资源分为有形和无形这两种资源。

有形资源就是通常提到的人力、物力、财力；无形资源包括技术、品牌、声誉，甚至包括人际关系。

有形和无形的资源构成了一个组织的所有资源。根据这些资源来发展核心能力，展现出来的就是组织的竞争优势。反过来说，竞争优势，就是核心能力所反映的方面，也就是企业所具备的资源。

图4-4表示出了竞争优势、能力、资源之间的相互关系。

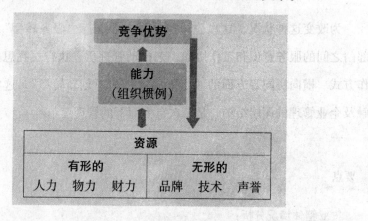

图4-4 竞争优势—能力—资源关系图

在发展组织的竞争优势时，通常都会用策略来执行。所采用的策略要紧密地适应周围的环境，与企业的资源息息相关，因为资源是企业成功的条件，要与它契合。

2. 部门内部环境分析要素

作为一个部门，也需要进行客观的自我认知，对部门运营状况、部门的能力水平、可能发生的变动等各方面做出评价，并预测其对部门工作带来的可能影响。

（1）部门运营现状

总结部门的职能职责发挥效果、对公司的价值和贡献的多寡，评测部门的运营效率、工作氛围、员工士气等。

（2）部门能力水平

评价部门专业技能、管理水平的高低，判断部门在企业内的作用和价值大小。

（3）部门变动可能

预测各系统内部的组织变革、关键人员变动、职能变迁等异动因素，及对部门造成的正负影响。

表4-9 部门内部环境分析的项目列表

项目	需要分析的内容
部门运营现状	1. 部门运营效果、效率 2. 部门工作氛围、员工士气情况
部门能力水平	1. 对企业提升核心竞争力是否有贡献 2. 专业技能、管理水平是否能满足公司需要
部门变动可能	1. 部门职能职责会否增减 2. 部门组织结构是否调整 3. 关键岗位人员是否变动

以上要素构成了一个部门的核心能力（关键能力），这是部门主要的

价值创造技能,是部门的竞争武器。

有效的部门内部分析可以使我们清楚地了解部门的核心能力状况。只有在一定的条件下,核心能力才能成为竞争优势的源泉。

因此,核心能力应该是短缺的,是竞争对手"学不来、带不走"的。如果核心能力成为为客户创造价值的工具,那么核心能力就带来了竞争优势;如果核心能力被有效地组织在一起,就能增强部门的整体竞争优势。

结合图4-5,看一下某企业人力资源部门的内部环境分析情况。

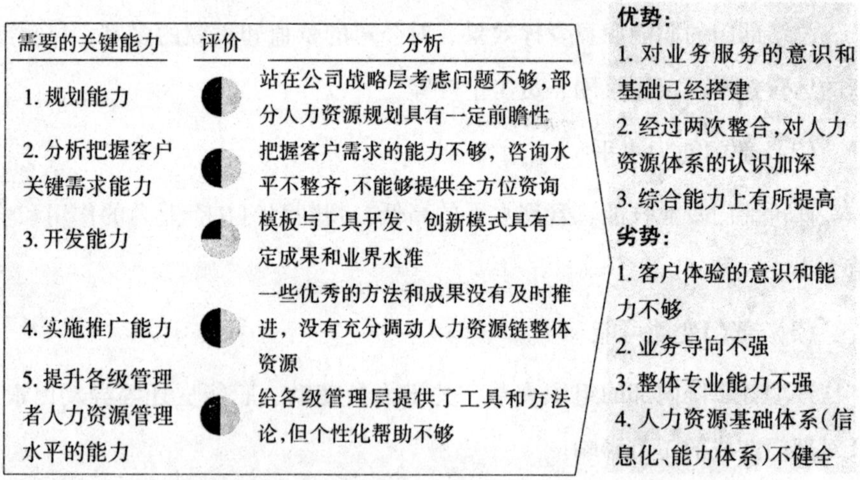

需要的关键能力	评价	分析
1.规划能力	◐	站在公司战略层考虑问题不够,部分人力资源规划具有一定前瞻性
2.分析把握客户关键需求能力	◐	把握客户需求的能力不够,咨询水平不整齐,不能够提供全方位咨询
3.开发能力	◐	模板与工具开发、创新模式具有一定成果和业界水准
4.实施推广能力	◐	一些优秀的方法和成果没有及时推进,没有充分调动人力资源链整体资源
5.提升各级管理者人力资源管理水平的能力	◐	给各级管理层提供了工具和方法论,但个性化帮助不够

优势:
1. 对业务服务的意识和基础已经搭建
2. 经过两次整合,对人力资源体系的认识加深
3. 综合能力上有所提高

劣势:
1. 客户体验的意识和能力不够
2. 业务导向不强
3. 整体专业能力不强
4. 人力资源基础体系(信息化、能力体系)不健全

图4-5 某企业人力资源部门内部环境分析示例

> **要点**
>
> 部门内部环境分析:
>
> 1. 内部环境组成要素。
>
> 2. 部门内部环境分析要素。
>
> (1) 部门运营现状;
>
> (2) 部门能力水平;
>
> (3) 部门变动可能。

五、运用 SWOT 分析估计环境态势

1. SWOT 分析工具说明

SWOT 分析法（也称 TOWS 分析法、道斯矩阵）即态势分析法，20 世纪 80 年代初由美国旧金山大学的管理学教授海因茨·韦里克（Heinz Weihrich）提出，经常被用于企业战略制订、竞争对手分析等。

在战略规划报告里，SWOT 分析应该算是一个众所周知的工具，包括分析企业的优势（strength）、劣势（weakness）、机会（opportunity）和威胁（threat）。通过确定企业的优势和劣势、机会和威胁，再经过两两组合分析后，使企业把资源和行动聚集在自己的强项和有最多机会的地方，并尽可能地弥补不足、规避风险。因此，SWOT 分析实际上是将对企业内外部条件各方面内容进行综合和概括，进而分析组织的优劣势、面临的机会和威胁的一种方法。

	有利影响	不利影响
内部分析	优势(strength) ● 和主要竞争对手相比较已经具备的竞争优势	劣势(weakness) ● 和主要竞争对手相比存在的竞争劣势
外部分析	机会(opportunity) ● 由于产业环境(供求、技术、政策等)变化造成的机会 ● 由于竞争对手因素引起竞争格局变化带来的机会 ● 机会是客观存在的,对于所有的业者都存在	威胁(threat) ● 由于产业环境(供求、技术、政策等)变化造成的威胁 ● 由于竞争对手因素引起竞争格局变化带来的威胁 ● 威胁同样是客观的,对于所有的业者都存在

图 4-6 SWOT 分析法

其中，优势和劣势分析着眼于企业自身的资源、能力，即内部环境，机会和威胁分析关注外部环境变化及其对企业可能产生的影响。

	有利影响	不利影响
内部分析	优势(strength) ● 资金、品牌优势及传统业务良好的客户关系 ● 自身信息化建设的基础、经验及两百多人的技术队伍 ● 具有自主知识产权的信息安全产品及解决方案	劣势(weakness) ● 缺少从事系统集中业务的资质 ● 缺乏应用软件的开发能力 ● 缺乏项目管理能力 ● 缺乏兼并、管理策略联盟的能力
外部分析	机会(opportunity) ● 网络技术的高速发展及业务模式，使得 IT 服务的需求急速增加 ● 国家对信息安全产品的政策，形成了政策保护 ● 在国内 IT 服务高端应用领域中,有能力进行大规模实施的对手不多	威胁(threat) ● 项目实施运作的风险控制 ● 专业人才稀缺,人才竞争激烈,如何进行人力资源管理 ● 既要保证内部信息化建设又要合理分配资源,开展对外项目的成功经验 ● 缺乏成功的模式以供模仿

图 4-7 某集团 IT 服务业务的 SWOT 分析示例

2. SWOT 分析法的适用范围

SWOT 分析法的适用范围很广，常用于对企业整体外部环境的综合分析，使企业清醒认识到自身的优劣势及所面临的机会、威胁。另外，在规划过程中，SWOT 分析法为企业战略规划提供方向和原则，实现从"分析过程"到"解决方案"的过渡。

其实，SWOT 分析法适用于任何一个具有独立性和自主性的组织和个人，甚至也适用于个人职业生涯规划的综合性分析。

部门级的 SWOT 分析，就是帮助我们认清部门的能力优势和不足，寻找本部门发展的机会及影响本部门发展的问题，为部门提炼战略规划做出导向。

在运用 SWOT 分析法得出结论的基础之上，我们就可以提炼出部门发展方向。一旦使用 SWOT 分析法决定了关键问题,也就确定了部门的战略目标。

3. SWOT 分析法的分析路径

图 4-8　SWOT 分析路径

（1）机会与威胁分析

外部环境发展趋势分为两大类：一类表示环境威胁,另一类表示环境机会。环境威胁指的是环境中一种不利的发展趋势所形成的挑战,如果对其不采取果断的战略行为,这种不利趋势将导致企业的竞争地位受到削弱。环境机会就是对企业行为富有吸引力的领域,在这一领域中,该企业将拥有竞争优势。对外部环境的分析可以有不同的角度,常用的方法就是前面介绍的 PEST 分析和波特五力分析。

危机和机会是相对的,也往往互相转化,也就是我们常说的,当危机突然降临时,我们必须有化危为机的心态和策略。

一般来说,在市场环境发生变化、行业技术更新、上下游资源进行整合、市场快速扩张、企业并购或上市、市场需求变化等因素出现时，就会蕴藏着潜在的发展机会。相应地，如果不予以重视，这些因素也有可能会带来威胁。

（2）优势与劣势分析

先来看一个小故事：

> 有一个10岁的小男孩，在一次车祸中失去了左臂，但是他很想学柔道。
>
> 最终，小男孩拜了一位日本柔道大师为师，开始学习柔道。他学得不错，可是练了3个月，师傅只教了他一招，小男孩有点弄不懂了。他终于忍不住问师傅："我是不是应该再学学其他招数？"师傅回答说："不错，你的确只会一招，但你只需要会这一招就够了。"
>
> 小男孩并不是很明白，但他很相信师傅，于是就继续照着练了下去。
>
> 几个月后，师傅第一次带小男孩去参加比赛。小男孩自己都没有想到居然轻轻松松地赢得了冠军。
>
> 回家的路上，小男孩和师傅一起回顾每场比赛每一个细节，小男孩鼓起勇气道出了心里的疑问："师傅，我怎么能凭一招就赢得了冠军？"
>
> 师傅答道："有两个原因。第一，你几乎完全掌握了柔道中最难的一招；第二，就我所知，对付这一招唯一的办法是对手抓住你的左臂。"
>
> 所以，小男孩最大的劣势变成了他最大的优势。[①]

识别环境中有吸引力的机会是一回事，拥有在机会中成功所必需的竞

---

① 文章来源：http://yuedu.baidu.com/book/view/5727369fd3f8d268e61055f8。

争能力是另一回事。所以，每个企业都要定期检查自己的优势与劣势。

当两个企业处在同一市场，或者说它们都有能力向同一顾客群体提供产品和服务时，如果其中一个企业有更高的赢利率或赢利潜力，那么，我们就认为这个企业比另外一个企业更具有竞争优势。

换句话说，所谓竞争优势是指一个企业超越其竞争对手的能力，这种能力有助于实现企业的主要目标——赢利。但值得注意的是：竞争优势并不一定完全体现在较高的赢利率上，因为有时企业更希望增加市场份额等其他方面。如一个新产品上市，企业更多的关注点可能是市场占有率，并不一定是利润率，甚至可能希望是负利润率。

竞争优势也可以指消费者眼中一个企业或它的产品有别于其竞争对手的任何优越的东西，它可以是产品线的宽度，产品的大小、质量、可靠性、适用性、风格和形象，以及服务的及时、态度的热情等。

明确企业究竟在哪一个方面具有优势，才可以扬长避短，或者以实击虚。

竞争优势的来源十分广泛，所以，在做优劣势分析时，必须着眼于整个价值链的每个环节，将企业与竞争对手做详细的对比。如产品是否新颖、制造工艺是否复杂、销售渠道是否畅通，以及价格是否具有竞争性等。需要指出的是，衡量一个企业及其产品是否具有竞争优势，只能站在现有潜在的用户的角度上，而不能站在企业自身的角度上来分析。

在维持竞争优势过程中，还必须深刻认识自身的资源和能力，采取适当的措施。因为企业一旦在某一方面有了竞争优势，势必会吸引竞争对手的注意。一般来说，企业经过一段时期的努力，建立起某种竞争优势，然后就处于维持这种竞争优势的态势，竞争对手开始逐渐做出反应。如果竞争对手直接进攻企业的优势所在，或采取其他更为有力的策略，就会使这种优势受到削弱。

影响竞争优势的持续时间，主要的是三个关键因素：

第一，建立这种优势要多长时间？

第二，能够获得的优势有多大？

第三，竞争对手做出有力反应需要多长时间？

如果分析清楚了这三个因素，就会明确自己在建立和维持竞争优势中的地位了。

当然，我们不应去纠正所有劣势，也不是对优势不加利用。主要应研究，我们究竟是只局限在已拥有优势的机会中，还是去获取和发展一些优势以找到更好的机会。

一般来说，竞争优势可以表现为以下几个方面：

①技术能力优势。

如具有独特、高效的生产技术和工艺，具备领先的创新能力和技术实力，有完善的质控体系，丰富的营销和客户服务能力，有大规模采购的经验和能力。

②资产优势。

包括有形和无形的资产优势。有形的如先进的生产设备、丰富的资源储备、不动产和资金、完备的信息数据等。无形的如优秀的品牌形象和商业信用、进取的企业文化等。

③人力资源优势。

如专业技术人员、精英管理团队、优秀的组织学习能力等。

④组织运营优势。

如健全的组织结构和完善的组织控制、推进体系，高效IT系统，强大的融资能力，在产品开发、经销网络、市场敏感及市场地位方面的优势。

竞争劣势可以表现为以下几个方面：

①技术技能劣势。

如缺乏核心技术等。

②资产劣势。

如生产设备老化、资金链脆弱、品牌形象不佳、信用低、企业文化不明确等。

③人力资源劣势。

如专业人员短缺、组织学习能力不强等。

④组织运营劣势。

如组织结构、组织控制及推进体系不健全，IT系统不健全，在产品开发、经销网络、市场反应方面的缺陷。

（3）确认关键能力和关键限制

波士顿咨询公司提出，能获胜的企业是取得企业内部优势的企业，而不仅仅只是抓住企业核心能力。企业必须管好某些基本程序，如新产品开发、原材料采购、对订单的销售引导、对客户订单的现金实现、对顾客问题的解决时间，等等。企业运营过程中的每一道程序都创造价值并需要内部部门协同工作，所以，每一部门都应该拥有一个核心能力。

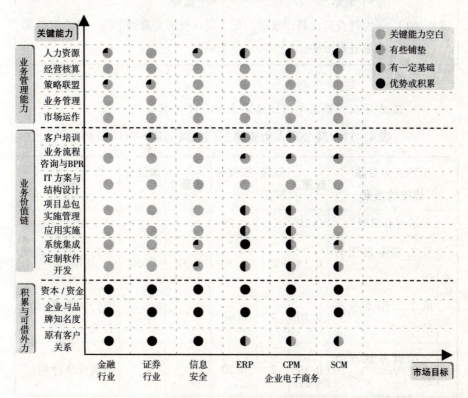

图4-9　某集团IT服务业务的关键能力分析

例如，业务部门可以根据业务运作所需的关键能力，对自己的现状进行评分，运用矩阵工具一一列出，这样就可以对自己的专业能力一目了然。职能部门也可列出所需专业能力。

(4) 生成部门策略方向

综合分析，部门可以生成4种策略方向（见表4-10）。

表4-10 部门策略方向

	优势（S）	劣势（W）
机会（O）	SO策略 利用自身优势赢得外部机会	WO策略 克服或控制自身劣势，创造条件抓住机会
威胁（T）	ST策略 发挥自身优势，规避、化解外部威胁	WT策略 将自身劣势降到最低，并规避外部风险

某公司人力资源部门战略因素SWOT分析示例。

表4-11 某公司人力资源部门战略因素SWOT分析

	影响人力资源战略的因素	权重1	等级评定	加权分1	权重2	加权分2	说明
优势（S）	市场占有率增大	0.10	2	0.20			将增加公司定员
	员工专业素质较高	0.15	2	0.30	0.10	0.20	还好，但正要变坏
	员工工作士气高昂	0.10	4	0.40	0.05	0.20	与公司业务状况有关
	公司财务状况良好	0.10	2	0.20			利润分享计划

(续)

	影响人力资源战略的因素	权重1	等级评定	加权分1	权重2	加权分2	说明
劣势（W）	生产成本偏高	0.05	2	0.10			一线技术人员青黄不接
	绩效考评制度不合理	0.15	4	0.60	0.10	0.40	前线经理意识不强
	缺乏某些关键技能人才	0.15	3	0.45	0.10	0.30	青黄不接
	前线经理仍崇尚以行政管理为导向的管理风格	0.20	3	0.60	0.15	0.45	缺乏人力资源管理理念与技巧
	小计	1.00		2.85			2.85＜3.00，低于平均水平
机会（O）	市场需求增加	0.05	2	0.10			新产品需求旺盛
	劳动力市场专业人士供给充分	0.15	5	0.75	0.10	0.50	值得怀疑
	可利用员工培训兴趣进行教育投资	0.20	4	0.80	0.15	0.32	正在消失中
	竞争对手市场停滞不前	0.05	4	0.20			还需进一步观察

（续）

影响人力资源战略的因素		权重1	等级评定	加权分1	权重2	加权分2	说明
威胁（T）	新的竞争对手加入	0.20	5	1.00	0.15	0.75	影响核心人才的吸引保留
	不利的政府政策	0.05	1	0.05			加大人工成本
	经济衰退	0.10	2	0.20	0.10	0.40	消费市场出现迹象
	市场竞争压力大	0.20	4	0.80			市场上新品增多
小计		1.00		3.90			3.90＞3.00，高于平均水平
总计					1.00	3.48	3.48＞3.00，高于平均水平

注：①等级评定栏，根据部门对每个因素的应对方式，评分在5（很好）和1（很差）之间；

②权重栏，为每个因素规定的权重在1（最重要）到0（不重要）之间，确定权重的依据是该因素对当前战略的可能影响。

4. 部门规划环境分析一般结构

以营销部门制订年度规划为例，环境分析的一般结构推荐如下：

1. 外部市场环境分析

    1.1 宏观环境分析

    1.2 行业环境分析

    1.3 竞争环境分析

1.4 上下游环境分析

　　1.5 分析结论

2. 公司整体情况分析

　　2.1 公司运营现状

　　2.2 公司文化氛围

　　2.3 部门协作环境

　　2.4 分析结论

3. 部门内部环境分析

　　3.1 部门组织结构

　　3.2 部门运营现状

　　3.3 部门能力水平

　　3.4 部门可能变动

　　3.5 分析结论

4. SWOT 分析

　　4.1 SWOT 交叉分析

　　4.2 SWOT 分析结论

以上为营销部门环境分析的一般结构,二级目录可以根据部门实际情况进行调整。

运用 SWOT 分析来估计环境态势:

1. SWOT 分析工具说明。
2. SWOT 分析法的适用范围。
3. SWOT 分析法的分析路径。
（1）机会与威胁分析；
（2）优势与劣势分析；

(3) 确认关键能力和关键限制；

(4) 生成部门策略方向。

4. 部门规划环境分析一般结构。

【规划自我评估六】外部环境分析

说明：在使用本评估工具时，请针对各个标准进行规划评估。根据企业的实际情况打分，分值为1~7（1分代表最差，7分代表最优），并在空格里记录下分值。除了打分，还希望您能够仔细分析原因，尤其是对分数比较低的项。这些隐藏在分数背后的原因，不仅可以解释打分结果，更重要的是，能够帮助您采取相应行动以提高绩效。

以下标准用于评估部门从外部环境收集相关信息、制订计划或（在某些情况下）影响外部环境的效率。

评估标准	得分	评论
竞争者评估 部门考察并评估已知竞争者的优势、劣势、机会和挑战		
非竞争者评估 部门考察并评估目前不是竞争对手，但可能是潜在竞争者的优势、劣势、机会和挑战		
客户评估 部门考察并评估主要目标客户的优势、劣势、机会和挑战		
非客户评估 部门考察并评估那些拒绝购买产品和服务的机构或个人的优势、劣势、机会和挑战；同时，考察并评估那些非潜在客户的机构或个人的优势、劣势、机会和挑战		

(续)

评估标准	得分	评论
不可控的重要因素 部门考察并评估那些不能直接控制，但却与部门的命运息息相关的主要外部因素		
合作关系的建立和维持 部门与客户、供应商及其他部门建立了高效、双赢的战略伙伴关系，在此基础上，部门将精心维护这种良好关系		

资料来源：《组织战略规划评估》通用咨询工具。

【规划自我评估七】内部环境分析

说明：在使用本评估工具时，请针对各个标准进行规划评估。根据企业的实际情况打分，分值为1~7（1分代表最差，7分代表最优），并在空格里记录下分值。除了打分，还希望您能够仔细分析原因，尤其是对分数比较低的项。这些隐藏在分数背后的原因，不仅可以解释打分结果，更重要的是，能够帮助您采取相应行动以提高绩效。

以下标准用于评估部门从内部运作收集相关信息，将其与从外部得来的信息进行整合，并制订行动计划的能力。

评估标准	得分	评论
核心能力的确认 部门能够提供有别于竞争者的、优秀的客户服务能力，同时它具备不断培育、提供这种能力的平台		

(续)

评估标准	得分	评论
核心能力的管理 针对这些业已确认的核心能力，部门将： 1. 把部门的核心能力当做资产来积极管理 2. 对具备组织急需的能力的员工提供特别奖励 3. 提供足够的培训，确保员工的技能能够及时更新		
领导能力 在领导能力方面，部门将： 1. 使管理者的领导风格与部门的发展战略保持一致 2. 尝试在内部各级员工中挖掘具有领导才能的人 3. 撤掉不具备组织期望的领导风格及行为的领导者		
组织结构 1. 部门组织结构是为实现战略目标而设计的 2. 部门有各种专业团队，为实现目标服务 3. 工作上的决策由真正做这项工作的人做出 4. 尽可能地共享信息、广泛交流，以避免组织层级过多造成的效率低下 5. 只要有利于业务开展，各级员工都会积极发现问题，充分利用各种机会		

(续)

评估标准	得分	评论
战略性补偿和奖励 1. 根据员工对部门的贡献，对员工进行相应的补偿（如果员工具备的能力与组织的价值观相一致，那么员工将得到适当的补偿），当员工的行为符合团队的利益时，将予以奖励 2. 奖励那些拥有各种技术和能力、为实现企业的目标做出贡献的员工，要使企业运作良好，就要使所有成员都按企业的价值观行事 3. 企业的当期奖励制度，对业绩突出、具有特殊才能的员工给予一次性奖励，而不是增加基本工资 4. 企业的各种奖励制度，不仅为鼓励好的结果设立，同时也是为了鼓励好的行为		
成员模式 1. 了解为各种客户提供服务的真实成本 2. 了解其产品及服务的真实成本 3. 对于出售什么产品和服务、免费提供什么产品给客户，都有战略性的考虑 4. 确定了总成本构成中的不变和可变成本的适当比例 5. 将所有非战略性的、成本较高的活动外包		
信息技术 1. 部门信息技术设备能够为公司战略提供支持 2. 部门对哪些信息系统活动应该外包进行评估 3. 部门战略确定后，信息技术也成了部门的一个竞争优势		

资料来源：《组织战略规划评估》通用咨询工具。

STEP 5
选择部门策略

- 部门策略描述了怎样才能实现部门规划目标,指导部门如何安排与使用人、财、物等资源。
- 部门策略制订流程:目标定位—收集情报—制订和评估策略—制订行动计划。

一、部门策略的含义

1. 策略：指挥官的艺术

有一位四十多岁的经理，在一家从事特许经营业务的公司总部负责招募加盟店。他领导着七八名员工组成的团队开展工作，成绩非常出色，每年招募的新加盟店都能超过规划指标，甚至常常比目标多一百多个。

每个工作年度开始之际，这位经理都要制订年度工作策略，年年如此，非常有效：

首先，确定年度工作的重点地区，找出开发新加盟店的目标地区，再为各地区设定具体新加盟店的目标数。

其次，收集整理目标地区的相关资料，如市场状况、竞争对手状况等。

最后，研究打入该地区市场的方法和手段，进而确定从打入市场到签订合同的整套方案，并据此对营销人员展开培训。

这位经理所做的，就是确定每年度的营销策略，再落实到行动计划中，并带领员工展开营销活动。

对于计划执行情况的管理，他也有一套完整的做法，从而保证了营销措施的连续性，不至于出现半途而废的情况。而且，一旦营销目标情况发生了变化，他会立刻针对新目标制订出有效的营销措施。凭借这些努力，他的部门得以按计划完成开拓加盟店的任务，他本人也因为工作得力而深受企业经营者信赖。

"策略"一词，与"战略"不同。"战略"是军事术语，是指在真正的战斗打响之前，指挥员将资源调配到最有利位置的艺术和科学。策略是在既定的战略下,解决问题的步骤和计划。通俗地讲,就是在既定的战略下解决怎么做、做什么的问题。策略来自于战略,但却走向更加纵深的方向,是解决实际问题的必经步骤。

企业在运营过程中,要解决一系列单项问题,例如:某新产品的上市计划,人力资源管理系统的建立,企业在区域市场的竞争计划、广告投放计划,等等。事实上,企业在解决这些单项的问题之前,可能已经有了明确的战略方向,但如何有效地解决单项的问题,就需要借助策略的设计。

所以,策略就是为了实现某一个目标,预先根据可能出现的问题制订的若干对应方案,并且,在实现目标的过程中,根据形势的发展和变化不断调整原有方案,并制订出新的方案,或者根据形势的发展和变化来选择相应的方案,最终实现目标。

对企业运营而言,策略则是实现规划目标的方法。落实到部门规划层面,则指在环境分析的基础上,充分利用优势,从而抓住机遇、规避风险,实现部门目标,制订的各种办法和途径。

2. 策略与目标的关系

在制订部门策略之前,首先应明确策略与目标的关系。

目标要解决的问题是"what",即"我们要做什么"、"我们要做到什么程度";而策略要解决的问题则是"how",即"我们要怎样做"、"我们如何实现目标"。

目标既是前提,又是结果;策略既是手段,又是途径,二者紧密联系,互为始终。因此,制订部门年度策略时,必须时刻将部门年度目标置于前头。

3. 部门策略的相关概念

(1) 部门策略

围绕部门的目标和业务,在分析部门内外部条件的基础上,为充分利用部门优势实现目标而制订的各种措施和办法。也就是说，部门策略描述了怎样才能实现部门规划目标，指导部门如何安排与使用人、财、物等资源。

（2）措施

基于目标和策略而制订的具体动作。

例如：一个年轻人今年为自己确定了找对象的目标。经过对自身的SWOT分析，他认为自己口才好、性格开朗。于是他采取了两种策略，一是靠自己去做，具体的措施有参加征婚舞会等；二是通过其他途径解决，具体措施有刊登征婚广告等。

4. 策略的表述方式

策略具有独特的表述方式，一般格式包含以下两个要点：

（1）举措，即如何实现

解释通过什么样的措施、方法或手段来实现这一策略。

（2）目标，即实现什么

说明通过前述措施、方法或手段的推进落实，要达成什么样的结果。此处的目标不同于部门目标，它是构成部门目标的某一个支撑方面。

要点

部门策略的含义：

1. 策略：指挥官的艺术。
2. 策略与目标的关系。
3. 部门策略的相关概念。
   （1）部门策略；
   （2）措施。
4. 策略的表述方式。

(1) 举措，即如何实现；
(2) 目标，即实现什么。

二、运用 TOWS 矩阵制订部门策略

前面介绍了部门如何运用 SWOT 分析法来分析环境、形势，下面介绍如何用 SWOT 分析方法生成多个可能的策略方案。TOWS（将 SWOT 倒过来）矩阵能把你面临的外部机会和威胁与部门内部的优势和劣势相匹配，得到 4 类可能的策略选择，帮助你轻松地制订部门策略。

1. 什么是 TOWS 策略

TOWS 策略是指部门在 SWOT 分析的基础上，针对不同状态组合所制订的措施或方法。它实际上是部门策略的一种分类，将部门策略分为 4 种不同的状态组合。

OS 状态：部门外部有机遇，同时部门也有优势来抓住这些机遇。任何一个部门都希望自己处于这种状态。

OW 状态：部门外部有机遇，但部门内部有劣势妨碍它利用这些机遇。

TS 状态：部门外部有威胁，但部门内部有优势来回避这些威胁。

TW 状态：部门外部有威胁，内部有劣势。这种状态是最差的。

2. 利用 TOWS 矩阵生成策略

针对上述不同的状态，可以利用 TOWS 矩阵生成相应的策略（见表 5-1）。

(1) 机遇—优势（OS）状态下的策略

如何运用部门的内部优势和外部发展机会，使部门发展壮大。

(2) 机遇—劣势（OW）状态下的策略

如何改善自身不足，使部门不错过这些发展机会。

(3) 威胁—优势 (TS) 状态下的策略

如何运用部门优势消除对部门发展有影响的障碍，最终化威胁为机遇。

(4) 威胁—劣势 (TW) 状态下的策略

如何改善部门不足，以使不利的影响降到最低。这种策略比较复杂，因为它面对的内外部情况都是不利因素。但这种策略往往也有置之死地而后生的效果。

表 5–1 TOWS 矩阵

内部因素 外部因素	优势 (strength)		劣势 (weakness)	
	列出优势 1. 2. ……		列出劣势 1. 2. ……	
机会 (opportunity)	OS 策略	措施	OW 策略	措施
列出机遇 1. 2. ……	列出如何利用内部优势抓住外部机会	1. 2. ……	列出如何利用外部机会改进内部弱点	1. 2. ……
威胁 (threat)	TS 策略	措施	TW 策略	措施
列出威胁 1. 2. ……	列出如何利用企业优势避免或减弱外部威胁	1. 2. ……	列出如何克服内部弱点和避免外部威胁的应对策略	1. 2. ……

当然，TOWS 矩阵不是仅仅列出 4 个方面，最重要的是通过评价部门的强势、弱势、机会、威胁，最终得出以下结论：

第一，在部门现有的内外部环境下，如何最优地运用自己的资源；

第二，如何储备部门的未来资源。

TOWS 矩阵应用示例。

表 5-2　某公司光触媒产品部门规划 TOWS 矩阵

内部因素＼外部因素	优势（strength） 1. 中国光触媒市场广阔 2. 该品牌产品性能卓越，附加值高 3. 产品应用范围广 4. 产品服务技术综合营销，品牌效应良好		劣势（weakness） 1. 中国目前对光触媒产品认识还不够 2. 该品牌产品进入市场，还不为大众熟知	
机会（opportunity）	OS 策略	措施	OW 策略	措施
1. 国家鼓励环保型的环境净化产品生产 2. 光触媒市场发展迅速，应用效果良好 3. 华东地区目前几乎没有大型光触媒产品进入市场	1. 利用政策优势，扩大品牌优势 2. 利用华东地区优势，由点至面，推广产品 3. 利用用途广泛优势，试用产品，树立品牌效应	1. 2. ……	1. 宣传应用效果，扩大市场影响 2. 利用大众对该品牌产品不熟悉的情况，认真策划，更容易后来居上 3. 以利润为中心，但管理和品牌建设必须全面跟进	1. 2. ……

（续）

外部因素＼内部因素	优势（strength） 1. 中国光触媒市场广阔 2. 该品牌产品性能卓越，附加值高 3. 产品应用范围广 4. 产品服务技术综合营销，品牌效应良好		劣势（weakness） 1. 中国目前对光触媒产品认识还不够 2. 该品牌产品进入市场，还不为大众熟知	
威胁（threat）	TS策略	措施	TW策略	措施
1. 面临国内部分厂商的竞争 2. 建立全国性的营销系统工程浩大	1. 准确市场定位，重点市场营销，建立自身的竞争优势和稳定赢利模式 2. 利用高效性能和全面技术，先高位定价，再逐步降价，保持价格竞争余地 3. 利用品质和管理，建立品牌，应对未来的品牌竞争	1. 2. ……	1. 充分考虑到风险因素，按部就班，循序渐进 2. 吸取同类竞争对手教训，建立风险应对机制	1. 2. ……

资料来源：《TOWS矩阵的分析和运用案例》，http://wenku.baidu.com/view/d5395a27ccbff121dd3683a6.html。

> **要点**
>
> 运用 TOWS 矩阵制订部门策略：
>
> 1. 什么是 TOWS 策略。
>
> 2. 利用 TOWS 矩阵生成策略。
>
> （1）机遇—优势（OS）状态下的策略；
>
> （2）机遇—劣势（OW）状态下的策略；
>
> （3）威胁—优势（TS）状态下的策略；
>
> （4）威胁—劣势（TW）状态下的策略。

三、运用 OGSM 模型制订部门策略

1. 什么是 OGSM 模型

OGSM 模型工具应用较广，我们也可以借助其进行部门策略的制订。OGSM 由战略目标（objective）、部门目标（goal）、执行策略（strategy）、评估标准（measurement）构成。

（1）战略目标

将战略构想拟定成企业明确的发展目标。

（2）部门目标

找出实现战略目标的步骤和阶段性目标。

（3）执行策略

找出实现每个阶段性目标的执行策略。

（4）评估标准

量化每个策略执行效果的评估标准。

表 5-3 OGSM 模型的构成

	战略目标 (objective)	部门目标 (goal)	执行策略 (strategy)	评估标准 (measurement)
描述内容	总体方向	做什么	怎么做	达到的标准
描述形式	文 字	数 据	文 字	数 据

2. 用 OGSM 制订策略的要点

(1) 制订的策略要确保企业战略目标的实现

部门规划的基本目标是保证企业战略目标的实现。当然，还可以添加其他对部门而言比较重要的目标。

(2) 注意策略与目标的关系

部门目标是对战略目标的更细化、更精确化的描述。同时，两个目标应该尽量是可以衡量的。而执行策略和部门目标之间，同样应具备必然性和必要性的关系。

(3) 有侧重地制订策略

制订执行策略时，我们往往会把有利于部门目标实现的举措一五一十地列出来，这是不对的。因为，资源是有限的，我们无法把有用的举措一一实现，所以必须找到能以最优投入产出比实现部门目标的一系列举措。因此，制订执行策略，就是要重视一些，放弃一些。

(4) 以评估标准为保障

有了目标和策略，还要时刻反问自己，这样做可行吗？一定可以实现目标吗？最好的方法就是设置评估标准。

评估标准，就是什么人在什么时间达成了什么结果。制订标准的目的在于通过定期考量，及时检讨和调整。

> **要点**

运用 OGSM 模型制订部门策略：

1. 什么是 OGSM 模型。

（1）战略目标；

（2）部门目标；

（3）执行策略；

（4）评估标准。

2. 用 OGSM 制订策略的要点。

（1）制订的策略要确保企业战略目标的实现；

（2）注意策略与目标的关系；

（3）有侧重地制订策略；

（4）以评估标准为保障。

四、运用关键成功因素法制订部门策略

1. 什么是关键成功因素法

关键成功因素法是以信息系统开发规划的方法之一。该方法主要通过分析，找到影响组织成功的关键因素，并围绕该关键成功因素确定组织对于信息系统的要求，根据信息系统的需求进行信息系统规划。

对规划而言，关键成功因素指的是对企业成功起关键作用的因素。关键成功因素法就是以"什么最需要或最有把握就做什么"为指导思想，根据必须实现目标的实际情况，找到最需要做的事。通过分析找出使得企业成功的关键因素，然后再围绕这些关键因素来确定战略的需求，并进行规划。

作为中层管理者，必须经常关注导致成功的关键因素的活动区域，对这些区域的运行情况进行分析，并将分析结果用以决策。

简而言之，关键资源能力就是部门实现规划目标的必要条件。在制订

部门的策略时应考虑到：部门必须具有哪些方面的能力和条件，才能实现规划目标？如何提升这些方面的能力？所以，我们可以用关键成功因素分析方法，制订部门策略。

2. 定义部门关键成功因素

我们利用表5-4来定义和评测部门的关键成功因素。

表5-4 定义部门关键成功因素

关键成功因素	定义	KPI 指标
项目成本的控制方法	保证项目在预定的成本之内完成	项目的费用执行率，即费用预算/实际费用的比率

注：KPI 指标应该是明确的、可衡量的、可实现的、相关的、以时间为阶段的指标。

3. 评估部门关键成功因素

要把握目前本部门的关键资源能力处在什么水平，我们可以通过以下方式进行评估。

表5-5 部门关键成功因素评价表

关键成功因素	现有水平描述	目标水平描述	差距
资源	……	……	……
能力	……	……	……
……	……	……	……

例如，项目管理必须具备的关键资源能力：
- 具备项目计划的掌控能力；
- 建立项目风险的规避机制；
- 建立项目质量的保障体系；
- 掌握项目成本的控制的方法。

4. 建设部门关键资源能力

识别了部门在关键资源能力方面的不足后,就要开始着手进行关键资源能力的建设,制订建设策略,弥补自身不足。

表 5-6　部门关键资源能力建设项目示例

关键资源能力	目标	策略	举措
项目计划的掌控能力	财年所有项目加权延迟率不超过10%	提高项目计划的可行性,提高项目协调技巧,及时准确地通报项目进展,各阶段计划责任人落实到位,建立完善的项目管理信息平台,对进度计划的完成情况制定完善的绩效考核制度	1. 人力资源的保证 2. 信息平台设备及软件 3. 项目进度管理知识培训

用关键成功因素法制订部门策略的应用举例。

表 5-7　某公司导购部门策略与终端导购人员考核指标的连接

战略目标	关键成功因素	营销策略	举措	考核指标
1. 销售额提升30% 2. 管理型营销组织的转型	高效的终端营业能力的打造	核心营销策略	终端导购成功率的提升	销售额的达成率
				促销计划的完成率
				礼仪形象的评估分数
				产品演示技能的考核分数
				产品知识的考核分数
		其他营销策略	精细化终端的管理	产品出样的及时率
				产品陈列的合格率
				库存的达标率
				店面清洁的达标率
				……

> **要点**
>
> 运用关键成功因素法制订部门策略:
> 1. 什么是关键成功因素法;
> 2. 定义部门关键成功因素;
> 3. 评估部门关键成功因素;
> 4. 建设部门关键资源能力。

五、如何制订出有效的部门策略

1. 部门策略的制订流程

策略是从 A 点到 B 点的方法。B 点即目标,A 点则是基于对环境深入理解所做出的现状研究。清晰的 B 点能够使人们看清 A 点存在的缺陷与差距,并提出到达 B 点的路径;而 A 点清晰与否则决定了 B 点的可行性及策略的有效性。

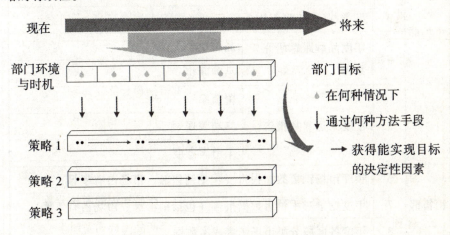

图 5-1 部门策略制订流程示意

从 A 点到 B 点,一个完整的部门策略制订主要包含以下几个步骤:

(1) 目标定位

目标定位具体包括以下两方面内容。

①目标领域选择。

综合考虑部门未来发展目标领域存在的可能性和可行性，明确目标领域选择，即确定部门目标范围及目标价值的定位。

②资源能力构建。

在目标领域选择之后，基于对部门环境分析的结果，依据部门职能的关键成功因素，构建部门的资源能力优势，进而提高部门的核心竞争力或价值创造能力。

（2）收集情报

部门制订策略，需要在前期环境分析的基础上收集相关情报并进行分析。主要包括调查商业环境、收集相关数据和分析数据等工作。

表5-8 各部门制订策略所需资料表

部门	序号	提供资料	
市场部	1	常规调研报告	年度品牌调研报告
			年度渠道调研报告
			消费者需求调研报告
	2	年度营销项目支持调研报告	
	3	品类/品牌规划报告	
	4	年度品牌跟踪研究数据	品牌指数/态度分组
			品牌联想
	5	年度渠道参数报告	覆盖率
			终端表现
			渠道满意度
销售部	6	年度市场销售数据报告（包括销售额、市场占有率等）	
	7	年度竞争对手销售数据报告（包括销售额、市场占有率等）	
	8	年度各区域分类市场销售成本数据	
研发部	9	产品技术指标报告	
	10	产品成本控制报告	

(续)

部门	序号	提供资料
生产部	11	生产信息分析报告
	12	年度产品质量监控报告
	13	采购/储运管理报告
	14	生产设备管理报告
	15	生产成本控制报告
财务部	16	年度公司财务审计报告
人力资源部	17	年度公司人力资源运营报告
	18	年度人力资源调查报告
行政部	19	年度公司行政运营报告

(3) 制订和评估策略

一方面,有必要分析实施策略所需的资源。我们制订的策略可能导致部门资源使用的大幅度变化,所以需要进行一系列具体问题评估:

- 现有资源够用吗?
- 现有资源需要改变吗?
- 资源需要全部重置吗?
- 新旧资源如何结合?

解决这些问题的根本在于,现有资源需要配合策略实施的要求。

另一方面,还有必要考虑部门重要价值活动之间的联系。这些不同资源之间的配合对成功地实施策略是至关重要的。

此外,我们必须把自己头脑中的战略构想清晰地表现出来,最好是可视化地表现出来,并翻译成组织成员都能理解的指标语言。

部门策略的制订和评估应用举例。

表5-9 某公司市场营销策略制订和评估

关键问题		营销策略（思考方向、提升品牌价值方案）	重点工作	归属部门
消费者品牌忠诚度	如何提升品牌价值	产品	1. 未来增长来自哪些系列产品，如何调整产品结构 2. 要不要开发新产品，如何开发新产品，应该采用什么策略 3. 我们把未来增长的希望放在某一款主力产品上，它是否有能力实现我们的目标 4. 围绕这种主力产品，我们如何进行市场销售		
		价格	分析产品的基本价格的层次构成对应企业所必须具备的产品运作能力、经营管理能力、市场竞争力、渠道竞争力		
		地点	1. 未来增长来自哪些地区，现有的区域哪些要重点发展 2. 要完成不同区域的任务，这些区域的经理能否胜任 3. 如果形成重点区域，我们用什么样的策略与方式去打开这种市场，是渗透式地进入还是搞地震式的大策划		
		推广	在产品推广、渠道推广、区域促销、品牌推广等方面，公司应做好哪些工作		
		公关	如何通过企业的有效工作，寻找企业的新闻点，调动媒体的力量来报道企业及产品		
		服务	有关产品服务化、服务产品化等思考和改进		
		支持	1. 跨部门工作支持的流程改进 2. 如何加强商务支援，做到销售的专业 3. 如何将"大商务，小销售"的概念逐步引入到营销思路之中		

资料来源：王磊，《企业量化管理》，南京大学电子音像出版社。

(4) 制订行动计划

倘若不将策略付诸实践,先前所做的功课就会变得毫无意义。策略必须通过行动计划才能实现。

行动计划既依附于策略,又是对策略的细化、延伸,可以说行动计划能否完成将决定性地影响策略和目标能否最终实现。行动计划的关键点则是部门业绩评价的主要来源与依据。

2. 部门目标策略框架

一般来说,目标是不常变化的,策略则会有调整,执行更是千变万化。没有目标,策略和执行就成为无本之目;没有策略,战略目标就挂在墙上,没有策略,执行就是闷头瞎干。

部门的目标可能有很多,每一个目标可能有多个不同的策略,而每一个策略又有很多措施。这就需要将部门的目标与策略一一对应,才能使思路更清晰,执行更有力。

表 5-10 可以更清楚、直观地明确目标、策略和措施各自的内容和彼此的联系。

表 5-10 部门目标策略框架

策略 目标	部门策略	
	列出优势 1. 2. ……	列出劣势 1. 2. ……
部门目标	措施	措施
列出目标	1. 2. ……	1. 2. ……

某公司营销部门在制订部门年度规划时，提炼出了"六项强化"策略。"六项强化策略"基于本部门对内外营销环境的客观分析结论，对应六大关键能力，构筑成一个营销功能体系，推动营销工作的全面提升，有力支持、保证其业务目标和管理目标的实现。

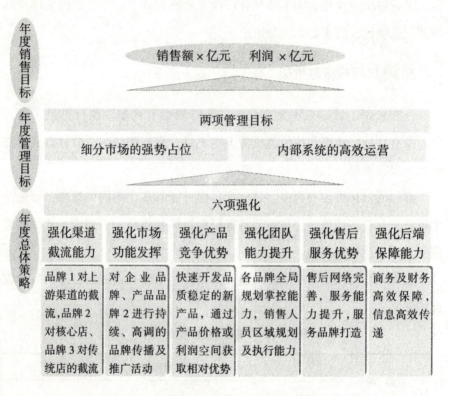

图5-2　某公司营销部门年度主要策略

3. 策略制订要点

在面临选择时、在开展行动前，策略尤为重要，它对战略的成功实施起着决定性的作用。一旦策略选择错了，或选择时机不当，或选择顺序不对，均会导致战略的实施不力。

策略制订时需要注意紧扣以下三个点：

（1）针对性

要分析现状和目标的差距，找出产生差距的主要问题并据此制订对策，使策略紧紧扣住主要问题，才能有的放矢地缩短现状与目标的差距。

（2）重点性

策略的有效性不在数量多，而在于是否有力。

（3）清晰性

策略要明确具体，以便实施和控制。

另外，在制订或选择策略时，中层管理者要深思熟虑，兼顾以下方面：

第一，紧紧围绕部门要实现的各项目标，以终为始。

第二，结合环境分析分析结论，对应找到实现各项目标的策略。要解释清楚为什么要采取这一策略。

第三，强调部门的核心优势和资源能力，弥补不足，改善短板，以保持、提升部门运营效率，避开可能遇到的风险。

第四，策略制订后要在全部门内充分讨论达成共识、大力宣传，而不是让大家去猜。

4. 策略思考三要素

这里提出策略思考三大要素，帮助中层管理者拟出一套适合自己的有效策略。

（1）判断策略价值

在对所制订策略的价值进行判断时，首先要考虑对部门甚至对公司来说关乎未来生死的策略。

（2）证明或证伪策略

收集信息并设计所采取的方法步骤，以结果推理的方式判断策略的效果，也就是用"如果……，那么……"的形式得出结论，以结果的理想与否来进行策略的选择。

（3）突破性与防御性结合

一般来说，防御性策略是巩固已有的结果，而突破性策略是给部门的未来带来反败为胜或更上层楼的结果。所以一定要结合部门现阶段所拥有的资源，进行合理分配，既要守得住，也要能冲起来。

5. 制订策略的盲点

所谓盲点，就是看不见的地方。在策略里也会有很多盲点，也就是想不到的地方。

地区不同、客户不同、需求条件也不同，竞争对手的策略可能不同，国家的政策可能会改变，还有人为因素的影响，这些都是现有策略的盲点。

盲点一：区域客户特点的影响。

针对不同的地区、不同的客户，策略应该不同。没有哪一套策略可以不分大江南北到处通用的。比如，全国大部分地区雪糕产品的大量投放时间在6—9月，但是在我国东北地区，有冬天吃雪糕的习惯，夏季和冬季投放量差别不太大；而在我国云南，最适宜吃雪糕的季节却不在夏季，因为夏季正值该地区雨季，且该地区四季温差不大。

盲点二：竞争对手策略的影响。

兵法有"避实击虚"之策，对竞争对手所采用的策略，务必要引起重视。应该先仔细分析对手策略，然后再研究自己的策略，充分利用本部门的优势，集中本部门的资源，制订适合本部门的策略，否则就成了闭门造车。

盲点三：大小"气候"的影响。

国家政策是大"气候"，地区政府的政策是小"气候"，不论大小，都可能影响或改变你的策略结果。因此，要考虑人为和国家政策因素的重要影响。

要点

如何制订出有效的部门策略：

1. 部门策略的制订流程。

（1）目标定位；

（2）收集情报；

（3）制订和评估策略；

（4）制订行动计划。

2. 部门目标策略框架。

3. 策略制订要点。

（1）针对性；

（2）重点性；

（3）清晰性。

4. 策略思考三要素。

（1）判断策略价值；

（2）证明或证伪策略；

（3）突破性与防御性结合。

5. 制订策略的盲点。

盲点一：区域客户特点的影响；

盲点二：竞争对手策略的影响；

盲点三：大小"气候"的影响。

六、部门风险应对策略

很多时候，我们为未来做了大量的准备，并制订了详细的工作计划，但结果还是事与愿违，那时我们免不了长叹一声："人算不如天算！"

"风险"指策略得以顺利实现的不确定性。在制订策略前我们可以二维矩阵来评估风险的影响程度（见图5-3）。用1、4、7、10评价影响程度，其中10表示影响巨大且很难回避，1表示影响非常小。

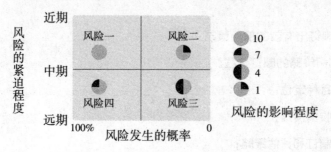

图5-3　风险的影响程度

人们常说："不怕一万，就怕万一。"作为中层管理者，就要树立这种"万一"思维，在制订详细的工作策略时，既要对风险进行评估，也要通过制订相关的应对策略来规避风险的影响。

1. 风险转移策略

风险转移，是指通过契约将风险全部或部分转移给他人承担的行为。通过风险转移，有时可大大降低经济主体的风险程度，风险转移的主要形式是合同和保险。比如通过签订合同及投保等，可以将部分或全部风险转移给一个或多个其他参与者。

2. 备用计划策略

备用计划就是应急计划，是最好用不上的计划。必须是正式计划在执行过程中，出现在一些事故，达到一定条件时，才会启用备用计划。备用计划的拟定主要针对一些意外事件，它可分为如下几个阶段：

（1）识别意外事件

意外事件可能是威胁，也可能是机遇；既可能发生在企业外部，也可能发生在企业和部门内部。所以，识别意外事件时，要持全面、辩证的态度。另外,识别意外事件时,需要判断此事件对部门的影响大小。影响大而可能性大的事件,一般在规划过程中已经充分分析并考虑到了,我们主要要识别的是那些可能性小而影响大的事件。

(2) 确定预警信号

在规划中,我们不可能针对所有的意外事件都制订出详细的应对方案,所以需要事先设置一些指标和预警信号,当这些指标的变化超过了一定的限度时,就要启动备用计划。

(3) 拟定备用计划

备用计划一般都是一套,很少有单个计划。所以需要设计一整套的备用计划系统,应对各种情况的发生。

> **要点**
>
> 拟定部门风险应对策略:
> 1. 风险转移策略。
> 2. 备用计划策略。
> (1) 识别意外事件;
> (2) 确定预警信号;
> (3) 拟定备用计划。

【规划自我评估八】 制订策略

说明:在使用本评估工具时,请针对各个标准进行规划评估。根据企业的实际情况打分,分值为1~7(1分代表最差,7分代表最优),并在空格里记录下分值。除了打分,还希望您能够仔细分析原因,尤其是对分数比较低的项。这些隐藏在分数背后的原因,不仅可以解释打分结果,更重要的是,能够帮助您采取相应行动以提高绩效。

以下标准用于评估部门在制订和开发策略过程中，满足战略需求方面的能力。

评估标准	得分	评论
产品和服务策略 部门已经为特定的产品和服务制订出策略。制订这些策略时，部门考虑了： 1. 目标市场的增长率 2. 目标市场的占有率 3. 目标市场及相关市场中，与企业特定的产品和服务有关的周期性趋势 4. 与企业相关的竞争者的优势、劣势、机会和挑战		
客户保留 部门采取积极措施留住现有客户，并将其作为拓展客户的基础		
客户评估 利用客户信息，部门对其现有的、将要推出的产品和服务进行系统的考察		
非客户评估 部门考察并评估那些拒绝购买其产品和服务的机构或个人的优势、劣势、机会和挑战；同时，考察并评估那些属于非潜在客户的机构或个人的优势、劣势、机会和挑战		
不可控的重要因素评估 部门考察并评估那些不能直接控制，但却与部门的命运息息相关的主要外部因素，例如，经济和社会人口因素、国际上的不稳定因素、科技发展及政府法规，等等		

(续)

评估标准	得分	评论
资源与能力评估 部门考察并评估能直接控制主要资源与能力，并对这些因素进行差距分析，制订有效策略以巩固和建设这些资源和能力		
战略目标一致性评估 部门考察并评估所制订的策略与企业战略目标的一致性，并确保这些策略能最有效实现企业目标		

资料来源：《组织战略规划评估》通用咨询工具。

STEP 6
制订工作项目与进度计划

- 工作项目的主要特征：目标单一性、连续性、独立性、资源有限性、实施一次性、不确定性、时限性、结果的不可逆转性。
- 工作计划的特点：预见性、指导性、可行性、变化性。

一、部门工作项目的主要内容

2010年10月,A公司开始着手制订公司的5年战略规划,最终确定公司战略的目标是"夯实基础管理,成为卓越的行业领导者与先行军"。A公司在2010年12月初发布了战略规划及2011年经营目标,要求各部门于当月25日前确定2011年度主要工作项目。

根据该规划,人力资源部门的下一年度目标是提高基础管理水平,搭建人才储备平台。小王是该公司新上任的人力资源部经理,他接到任务后非常困惑:年度主要工作项目包括哪些内容?信息该从哪里获取?该如何分解?如何监控?他有些手足无措。于是,他只好去请教已经晋升为副总经理的前任人力资源经理老王,老王看到小王困惑的样子,忽然想起了当年的自己,他给小王倒了一杯茶,然后娓娓道来……

简单来讲,人类的活动可以分为两大类:一类是重复性、连续不断、周而复始的活动,称为"运作",如用自动化流水线批量生产某些产品的工作活动;另一类是独特的、一次性的活动,称为"项目",如任何一项开发活动、改造活动、建造活动等。

因此,工作项目是以一套独特而又相互联系的工作事务为前提,有效地利用资源以实现一个特定的目标所做的努力。

1. 工作项目的主要特征

(1)目标单一性
项目工作要围绕一个单一的目标进行。

(2) 连续性

项目工作由一系列连续的活动构成。

(3) 独立性

项目与项目之间相对独立，能划分出界线。

(4) 资源有限性

项目需要运用各种资源来实施，而资源是有限的。

(5) 实施一次性

每个项目只进行一次，如完全相同，只是例行工作。

(6) 不确定性

在项目具体实施过程中，内外部因素会发生变化，项目存在不确定性。

(7) 时限性

项目的完成，以及项目各阶段都有相应的完成时限。

(8) 结果的不可逆转性

结果确定在项目结束时。

2. 部门工作项目的要素

部门工作项目确立的目的是将客户需求、要解决的具体的关键问题和部门策略落实为可操作的项目。针对部门规划的每条策略或客户需求回答以下5个问题，得出工作项目包括的5个要素。

(1) 项目名称

项目名称要简单、清晰，让人一眼就知道项目的核心工作内容。如人力资源部门要做一个校园招聘项目，一般都会把这个项目描述为"校园招聘项目"，这样的表述方式比较宽泛、不明确。

项目命名可以参照模板："××年度××项目"。例如，以上项目可以描述为"2011年度华北地区重点大学应届毕业生校园招聘项目"。

（2）项目目标

项目目标又叫项目交付物，就是项目所能交付的成果或服务。

做一个没有目标的项目，后果是严重的，尤其对于企业来说，没有目标的项目在浪费大量的人力、物力和时间，有时对企业是致命的。只有把项目目标具体明确地量化出来，才能算是好的项目。

（3）项目负责人

项目负责人要对整个项目负责到底。从项目需求确定、项目选择、计划执行直至项目收尾，全程都需要项目负责人参与，并要负责人在时间、成本、质量、风险、合同、资源等各个方面对项目进行全方位的监控与管理。同时，项目负责人对参与项目的成员有相应的选择权限和考核权限。

（4）时间计划

项目完成时限需要事先确定，既要保证质量，又要尽可能有效率。同时，对项目的不同阶段，也需要制订详尽的时间表，同时要权衡资源的投入与时间的关系。

（5）资源需求

项目的资源需求主要有人力资源需求与资金需求两类，需要一一列清楚。

掌握部门工作项目的主要内容：

1. 工作项目的主要特征。

（1）目标单一性；

（2）连续性；

（3）独立性；

(4) 资源有限性；

(5) 实施一次性；

(6) 不确定性；

(7) 时限性；

(8) 结果的不可逆转性。

2. 部门工作项目的要素。

(1) 项目名称；

(2) 项目目标；

(3) 项目负责人；

(4) 时间计划；

(5) 资源需求。

二、确定部门工作项目

一般来讲，主要从三个方面来确定部门的主要工作项目。

1. 规划策略的落地支撑

在企业运营过程中，企业总是以书面或者高层共识的形式，确定自己的战略目标，并据此来确定每个年度的经营目标。

一般而言，战略目标和经营目标总是以最抽象、最简练、最浓缩、最概括的词语或指标表达，如实现销售收入多少、完成利润多少等。为了完成这些目标，就必须对其进行分解，进一步形成部门目标。通过扫描部门环境，有针对性地制订出相应的部门策略和举措，明确每个行动实施的步骤，落实责任，便于奖惩。

策略的落地则需要一系列的工作项目来支撑，依据策略对部门工作目标进行分解，成为部门主要工作项目的一部分。

2. 部门职能、职责的履行

部门能承担企业总体战略目标的相应部分，对于企业有明确和稳定的意义和作用。根据部门的工作职责，可以初步识别部门所承担的工作事项，并确定工作项目。

利用表6-1可确定工作项目。

表6-1　部门工作职责与负责工作事项

序号	部门职责	对应工作事项
1		
2		
3		
4		
5		
6		
……		

3. 内外部客户需求的满足

部门内外部客户对部门有各种各样的需求，部门除了在年初规划中分析客户的需求，确定满足目标外，在日常的各项具体工作中也在解决这些问题。我们可以从这些具体工作中选择一些，确定为部门的主要工作项目，这些工作项目可以是企业、部门的年度运营重点，或是内外部客户的主要需求，也可以是部门存在的主要问题。

某公司2011年的年度目标是夯实基础管理，实现稳步发展，达成百亿元销售。该公司人力资源部门的年度工作事项制订如下。

1. 年度工作事项来源一。

为了达成公司的年度主题，该公司将年度战略进行分解，人力资源部在战略达成中的主要任务是保持人员队伍的稳定性，加强高层管理人员的凝聚力，培养后备人才力量。

由此形成的主要工作项目有：

（1）在3月30日前，完成公司各层级人员的盘点工作，为绩优型员工制订培养计划，保证绩优型员工的稳定性；

（2）在8月30日前，以企业文化为主题，完成公司高管的游学工作，提升团队士气及凝聚力；

（3）完善人力资源培训、招聘、绩效考核、异动等制度，夯实基础管理工作。

2. 年度工作事项来源二。

该公司人力资源部门的职责是：负责公司招聘计划的制订及实施，负责培训计划的制订及实施，负责对各部门负责人的绩效考核。

根据人力资源部门的职责分解的工作事项包括：

（1）制订年度招聘计划，实施招聘；

（2）制订公司培训计划，实施培训；

（3）负责公司各部门负责人的绩效考核工作；

（4）修订员工手册。

由此，可将该公司人力资源部门的年度主要工作项目进行整理，确定年度主要工作项目（见表6-2）。

表6-2 某公司人力资源部年度工作主要工作项目

序号	年度主要工作项目	截止日期
1	公司人才盘点	3月30日
2	高管游学	8月30日
3	制订年度招聘计划	1月20日
4	制订年度培训计划	1月20日

(续)

序号	年度主要工作项目	截止日期
5	实施绩效考核	每季度末
6	完善人力资源制度	12月31日
7	修订员工手册	4月30日
8	实施招聘	12月31日
9	实施培训	12月31日

要点

如何确定部门工作项目：

1. 根据规划策略的落地支撑来确定工作项目；
2. 根据部门职能、职责的履行来确定工作项目；
3. 通过满足内外部客户需求的方式来确定部门工作项目。

三、如何进行部门工作项目的立项

一般来说，部门工作项目的立项步骤分为以下4步。

第一步：分类。

工作项目并不是凭空产生的，而是根据本年度部门内外部各种需求分析出来的。根据部门环境分析的结果生成本年度策略之后，再根据每一条策略或者内外部客户需求，提出本部门为了执行部门策略或者完成部门目标而应该完成的工作。

实现部门目标靠的就是各个工作项目的推进，包括业务工作和管理工作。中层管理者必须明白部门年度重点项目在哪里，各项工作之间的轻重缓急如何处理。因此要对众多的工作项目进行分类，这是对工作项目合集的过程。

第二步：打包。

打包是对众多工作项目进行梳理和增删的过程。根据各工作项目的重要和紧迫程度，以及如何分工、如何管控，中层管理者要对项目进行增删，从部门的实际情况出发，对所有项目进行梳理，目的是用最少的资源保障策略的顺利实施。

表6-3 部门工作项目梳理表

问题	需求	项目编号	项目名称	量化目标	负责人	优先程度	资源预算		执行起止时间
							项目成本	人力成本	
						给每个项目选择优先级别： 1. 重要/紧迫 2. 不重要/紧迫 3. 重要/不紧迫 4. 不重要/不紧迫			

第三步：确定项目名称和项目目标。

前面介绍过，项目目标必须是可衡量的。因此，一定要有指示明确的项目名称和清晰的项目目标。

第四步：确定项目负责人、资源需求和进度计划。

根据经验，一般一个项目负责人最多可以同时监管6个项目，项目时间跨度以3~6个月为宜，项目进度排期要考虑部门整体工作安排与部门全年工作节奏的合拍。

综上所述，部门工作立项要点如下：

- 以部门规划目标为导向。
- 明确实现目标所需的决定性因素。
- 明确在什么时机、通过何种方法手段才能具备这些决定性因素或条件。

- 应该由哪个部门、哪位员工来负责这件事？能否胜任？
- 项目可以分为几个阶段？
- 如何最大化利用手中的资源？

表6-4、表6-5是项目立项的两个模板。

表6-4 某企业市场部年度工作项目立项模板

项目编号	项目名称	项目目标	负责人	预计资源	执行时间

表6-5 某企业市场部年度工作项目分解模板

任务编号	任务名称	任务目标	关键活动	项目资源需求		
				负责人	任务起止日期	特殊资源需求
备注：						
总体项目费用预算：						

申请人：　　　　　审批人：

部　门：　　　　　审批日期：

表6-6、表6-7是某公司人力资源部门的工作项目立项示例。

表6-6　某公司人力资源部工作项目列表

项目分类	项目/项目类名称	项目指标
业务类	1. 年度部门计划	（1）内容完整率 （2）领导审批通过
	2. 年度内部组织调研与分析	（1）响应时间 （2）调研规划执行率 （3）分析模型完整率
	3. 企业文化建设	企业文化诊断总分数
	4. 社会薪酬福利水平调研与分析	（1）响应时间 （2）调研规划执行率 （3）分析模型完整率
	5. 薪酬福利体系建设	（1）员工满意度 （2）员工了解程度
	6. 年度薪酬福利管理	（1）准确率 （2）及时率
	7. 绩效体系建设	（1）员工满意度 （2）员工了解程度
	8. 年度绩效考核	（1）及时率 （2）投诉率
	9. 职业素养量化	（1）员工覆盖率 （2）员工满意度
	10. 员工职业生涯体系建设	（1）员工满意度 （2）员工了解程度
	11. 日常员工发展管理	（1）员工覆盖率 （2）员工满意度

(续)

项目分类	项目/项目类名称	项目指标
	12. 组织规划	(1) 岗位空缺率 (2) 员工满意比率
	13. 岗位职责优化	员工满意度
	14. 流程管理	(1) 流程建立/优化完成率 (2) 流程归档率
	15. 年度劳动关系管理	(1) 响应时间/响应率 (2) 劳动纠纷频率
	16. 人事档案管理	(1) 归档率 (2) 归档准确率
	17. 培训管理体系建设	(1) 内容完整率 (2) 员工了解程度 (3) 员工满意度
	18. 年度培训管理	(1) 培训计划执行率 (2) 培训后考核达标率 (3) 培训预算控制率
	19. 知识库建设	(1) 内容完整率 (2) 数据备份完整率
	20. 知识库管理	(1) 数据更新速度 (2) 文件归档准确率/完整性
	21. 招聘管理体系建设	(1) 招聘需求响应速度 (2) 招聘有效率
	22. 招聘渠道调研与分析	(1) 募集简历速度/数量/质量 (2) 招聘预算达标程度
	23. 年度招聘管理	(1) 招聘需求响应速度 (2) 招聘有效率

(续)

项目分类	项目/项目类名称	项目指标
	24. 带教体系建设	(1) 考核合格率 (2) 培养速度 (3) 带教范围
	25. 年度带教管理	(1) 考核合格率 (2) 培养速度 (3) 带教计划执行率
组织类	26. 部门内支持与协调	下级对上级满意度
	27. 跨部门支持与协调	(1) 跨部门任务单完成率 (2) 跨部门任务单平均分
	28. 流程优化	流程试行×个月,流程对应工作效率提升率
	29. 组织提升	部门内员工职业素养分平均提升分数
	30. 制度建立	(1) 内容完整率 (2) 领导审批通过

表6-7 某公司人力资源部立项简表

项目编号	项目名称	项目量化目标	项目经理	预计资源	执行时间
HR—001	人力资源规划	在8月30日前,完成《人力资源规划报告》,内容包括:组织环境分析、组织结构预测、人力资源需求预测、人力资源供需平衡分析、人员素质提升规划、人才需求预测与使用计划	×××	1000元	6月1日—8月30日

（续）

项目编号	项目名称	项目量化目标	项目经理	预计资源	执行时间
HR—002	××年年度招聘	3月31日前，满足需求部门的人员招聘，标准为： 1. 1月20日，完成《××年年度招聘计划》，获总经理审批确认，计划包括招聘岗位、人数、渠道、预算等重点模块 2. 完成80%以上符合用人部门需求的岗位招聘 3. 招聘组织满意度≥×%	×××	30000元	1月5日—3月30日
HR—003	××年新员工入职管理	完成新员工试用期考核，确定录用人选，标准为： 1. 12月31日前为新员工办理完毕有关转正或离职手续； 2. 新员工通过考核，转正合格率×%	×××	60000元	7月1日—12月31日

要点

部门工作项目的立项有4个步骤：

第一步：分类；

第二步：打包；

第三步：确定项目名称和项目目标；

第四步：确定项目负责人、资源需求和进度计划。

四、工作计划的主要内容

我们都会有这样的体会，在行动前如果能对整个行动有一个周密的计划，对要做什么和如何做都能了然于胸，那么我们就能以更大的信心和把握投入到行动中去，行动的成功率也会大大提升。

年度工作立项整理完毕后，中层管理者基本上明确了本部门全年的主要工作项目。而要完成部门工作规划的工作任务，实现部门目标，就必须做好计划工作，并准确把握工作计划的内容。

计划会清晰地显示你要实现目标所需的每一步工作，计划会帮助你决定怎样分配任务；计划还会帮助你确定目标实现所需的材料、设备、资金等资源。

1. 工作计划的特点

计划主要包括以下特点。

(1) 预见性

制订计划要对未来一段时间或一个时期做出科学的预见，如基础条件如何、前景如何、目标高低、措施怎样，等等，对各种可能出现的情况，必须有一个清醒的认识、正确的估量。没有科学的预测，也就没有计划。

(2) 指导性

制订任何一项计划，都必须明确在一定的时间内完成什么任务，获得什么效益。这是工作的方向和依据，具有很强的指导性、规范性和约束性。

(3) 可行性

制订计划，就是为了执行。对未来的预测，应建立在客观实际的基础上，切忌盲目地、无根据地制订计划。这样才能使计划有可行性。

（4）可变性

事物在不断发展，情况也在不断变化，事先制订的计划，很难准确无误地进行预测。因此，计划能不能完成，要从主客观两个方面去总结。如果在计划执行过程中，客观情况发生了变化，就要适时地予以修订。

2. 有效计划三要点

作为部门管理者，制订的计划，最重要是能具体满足下列三个条件，这样才是有效的工作计划。

第一，要能配合实现上级主管的目标、策略；

第二，要能实现自己部门的任务；

第三，要能成为下属行动的依据及评价下属工作成果的基准。

要点

掌握工作计划的特点和有效计划的要点：

1. 工作计划的特点。

（1）预见性；

（2）指导性；

（3）可行性；

（4）可变性。

2. 有效计划三要点。

第一，配合实现上级主管的目标、策略；

第二，实现自己部门的任务；

第三，成为下属行动的依据及评价下属工作成果的基准。

五、制订项目工作计划

工作项目中必然包含种种相互关联的任务和不可预知的风险，所以工作项目推进的首要任务就是"计划"。

工作项目立项、排期之后，还需要明确各项工作的目标、相关责任人、进度安排及资源需求、时间节点、阶段成果等。通常，我们用项目工作计划来完整呈现这些要素。项目工作计划确定了项目的范围和实施路径，其输出结果是项目计划书，项目工作计划书包含项目WBS、项目的进度计划、任务分配表、项目里程碑的标志、风险标志以及范围变更管理流程。

1. 制订项目工作计划的步骤

一般制订项目工作计划主要包括以下几个步骤：

（1）明确目标

即目标必须明确、可行、具体和可以度量。

（2）确定项目工作范围

对照目标，将需要完成的工作进行分析和梳理，列出一份实现目标所需要进行的所有活动一览表，这就构成了项目的工作范围。

确定项目工作范围，有两种办法：

第一，对于较小的项目，利用"头脑风暴"来确定；

第二，对于稍大一些的项目，更好的方法是使用工作分解结构（WBS）来生成一份全面的清单。

（3）在项目组内分配任务职责

责任矩阵是完成这一任务的最好选择。关于责任矩阵，将在之后的内容中详细介绍。

（4）统筹规划项目间活动的关联

确定各项目活动所需要的时间、人力、物力，明确各项活动之间的逻辑关系和先后顺序。

完成以上4个步骤后，项目负责人还可以为项目计划添加一些支持性文档以及备注等信息,所有这些信息将使得项目计划成为项目的信息中心。

2. 制订项目工作计划的原则

(1) 抓大放小

工作计划的执行过程是一个逐步完善的过程,制订的工作计划,只有总体结构准确且具有指导意义,才是一份较好的计划,计划的完善在于执行过程中的持续改进。

(2) 长短结合

年度总体计划只要具备指导性和明确大体阶段即可。在部门规划中的具体计划可以只细化到第一季度,待季度总结时,可根据计划执行情况细化下一季度工作。

(3) 分级管理

项目负责人可以根据计划进行分层级管理。项目整体计划制订出来后,项目成员根据项目的整体计划来制订个人任务,将整体计划逐级细化。这样有利于项目计划的顺利执行。

3. 项目计划的工具

工作进度计划可以分为两个层次,单项主要工作项目进度表和部门主要工作项目进度表。单项主要工作项目进度表的编制有较大的灵活性,可根据部门和公司要求、习惯,来选取呈现要素,但原则上可以更详细、更具体。

工作项目进度表如表 6-8 所示。

(1) 工作分解结构

在这里,主要介绍项目管理的主要工具——工作分解结构(work breakdown structure, WBS)。WBS 是项目管理中最普遍应用的工具,主要目的是将项目任务自上而下逐层分解到最基本的管理单元。WBS 最重要的特点就是结构化。

表6-8 工作项目进度表示例

支持人员	预算	时间计划											
		1月	2月	3月	4月	5月	6月	7月	8月	9月	10月	11月	12月

WBS 的制订没有固定的方法，主要采用以下分析原则，进行项目内容分类。

①分解到底。

确保将工作分解到底，即能把每项最基本的工作明确地分给每个成员，并清晰界定每一个成员的职责。

②合并同类。

对一些各个阶段中都存在的共性工作，可以提取出来，同时尽可能地将运用相同或相近技能的工作赋予同一个或同一组成员。

③合理控制。

最基本工作单元的工作时间跨度不要超过 2 周时间，否则不好监控，但又不能过细。同时,在工作过程中,要注意成员的主动性和积极性。

④要有管理工作。

要考虑项目管理本身也是工作任务之一,可以单独作为一个细目。

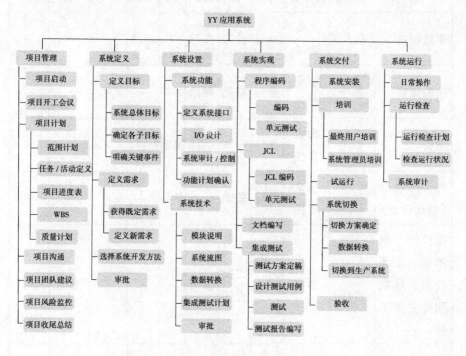

图 6-1 某应用系统工作项目的 WBS

(2) 责任矩阵

责任矩阵(responsibility matrix)是项目管理中一个十分重要的工具,通过责任矩阵可以清楚地看出每一个成员在项目执行过程中所承担的责任。

表 6-9 为责任矩阵的应用示例。

表6-9 某地产公司责任分配矩阵列表

项目阶段＼承担者	工程管理中心	规划设计中心	营销中心	预算部	财务部	物业	集采中心	办公室	监督部	信息部
土地储备	参与	主要责任	参与	参与	参与	-	辅助	-	-	-
前期规划	参与	主要责任	参与	辅助	辅助	参与	-	-	-	-
融资	参与	次要责任	参与	参与	主要责任	辅助	-	-	-	-
施工图设计（包括户型）	参与	主要责任	参与	辅助	-	参与	-	-	-	-
招投标（单体楼、监理公司、景观配套主体工程）	主要责任	参与	-	次要责任	参与	-	-	-	参与	-
招投标（甲供材料和甲分包）	次要责任	参与	-	次要责任	参与	-	主要责任	-	-	-
施工管理	主要责任	参与	辅助	参与	辅助	参与	辅助	辅助	参与	参与

(续)

项目阶段＼承担者	工程管理中心	规划设计中心	营销中心	预算部	财务部	物业	集采中心	办公室	监督部	信息部
建委规划手续、工程备案、白蚁、土地证、安检站、质检站、销售许可证、墙改基金、招投标管理、人防手续、消防验收、审图、劳保费、验收备案整、室内环境检测	参与	主要责任	辅助	-	辅助	-	辅助	-	-	-
测绘、房地产交易中心合同登记、银行贷款	参与	次要责任	主要责任	-	参与	-	-	-	-	-
自来水、煤气、环保、电、电话、供暖、有线手续	参与	辅助	-	-	辅助	-	主要责任	-	-	-

(续)

项目阶段＼承担者	工程管理中心	规划设计中心	营销中心	预算部	财务部	物业	集采中心	办公室	监督部	信息部
地名办手续、维修基金、物业用房	辅助	辅助	辅助	-	辅助	主要责任	-	-	-	-
广告推广、形象展示、外联参观和竞争企业的楼盘分析	辅助	辅助	主要责任	参与	辅助	辅助	辅助	-	-	-
销售、测绘	参与	辅助	主要责任	-	辅助	参与	-	-	-	-
物业前期介入	参与	-	参与	-	-	主要责任	-	-	辅助	-
交屋	参与	参与	次要责任	-	-	主要责任	辅助	辅助	辅助	-
农民工工资、合同纠纷、安全质量	主要责任	-	-	-	辅助	-	参与	-	辅助	-
决算跟踪、成本拆分	辅助	-	-	主要责任	辅助	-	辅助	-	-	参与
办公环境、福利待遇、合同管理、计划汇总	辅助	辅助	辅助	辅助	辅助	辅助	辅助	主要责任	辅助	辅助

（续）

项目阶段＼承担者	工程管理中心	规划设计中心	营销中心	预算部	财务部	物业	集采中心	办公室	监督部	信息部
落实跟踪、安全检查	辅助	辅助	辅助	辅助	辅助	辅助	辅助	辅助	主要责任	辅助
ERP进度维护监督	次要责任	次要责任	次要责任	次要责任	次要责任	次要责任	次要责任	次要责任	次要责任	主要责任
全面预算提报	辅助	辅助	辅助	辅助	主要责任	—	—	辅助	—	—
后评估	主要责任	主要责任	主要责任	主要责任	主要责任	主要责任	主要责任	主要责任	主要责任	主要责任

资料来源：http：//wenku.baidu.com/view/e07dd31fc5da50e2524d7f28.html。

（3）甘特图

甘特图（Gantt chart）又叫横道图、条状图。它是以图示的方式，通过活动列表和时间刻度，形象地表示出特定项目的活动顺序与持续时间。我们可以采用甘特图来集中呈现部门内所有主要工作事项的统一进度计划（见表6-10）。

表6-10　某部门利用甘特图编制的工作项目进度表

项目编号	项目名称	时间计划											
		1月	2月	3月	4月	5月	6月	7月	8月	9月	10月	11月	12月
1													
2													
3													
4													
5													
6													

（续）

项目编号	项目名称	时间计划											
		1月	2月	3月	4月	5月	6月	7月	8月	9月	10月	11月	12月
7		▓	▓	▓	▓	▓							
8					▓	▓							
9				▓	▓	▓	▓						
10			▓	▓	▓								
11					▓	▓	▓				▓	▓	
12						▓	▓	▓		▓	▓		
13				▓	▓	▓							
14			▓	▓	▓								
15				▓	▓	▓							
16					▓	▓							

注：灰色区域表示项目进行中。

要点

如何制订项目工作计划：

1. 制订项目工作计划的步骤。

（1）明确目标；

（2）确定项目工作范围；

（3）在项目组内分配任务职责；

（4）统筹规划项目间活动的关联。

2. 制订项目工作计划的原则。

（1）抓大放小；

（2）长短结合；

（3）分级管理。

3. 项目计划的工具。

(1) 工作分解结构；

(2) 责任矩阵；

(3) 甘特图。

【规划自我评估九】项目计划

说明：在使用本评估工具时，请针对各个标准进行规划评估。根据企业的实际情况打分，分值为1~7（1分代表最差，7分代表最优），并在空格里记录下分值。除了打分，还希望您能够仔细分析原因，尤其是对分数比较低的项。这些隐藏在分数背后的原因，不仅可以解释打分结果，更重要的是，能够帮助您采取相应行动以提高绩效。

以下标准用于评估部门将策略落地，形成可执行计划的能力。

评估标准	得分	评论
企业文化 企业拥有很好的项目管理方法，员工在执行项目时通常都会遵循这些方法；一般项目小组通常都了解如何制订和执行工作计划，并且能够利用标准化的方法来有效地应对风险，对各项问题进行控制		
管理统辖 企业确保员工做他们应该做的事；确保企业的管理结构能够使员工积极参与项目并对项目抱有足够的兴趣，确保企业的项目管理方法得到遵循		
有效授权 企业成员一般都了解自己在项目计划当中所扮演的角色，知道自己的职责所在，清楚自己在职责范围内有相当的决策权		

(续)

评估标准	得分	评论
资源共享 企业的机制保证共享资源的能力		
项目目标的交流和商讨 明确的目标,是各成员之间进行沟通和商讨的基础		
根据策略,制订项目计划 根据战略发布的相关信息,制订本部门的计划		

资料来源:《组织战略规划评估》通用咨询工具。

STEP 7
协调资源配置

- 部门岗位设置要保证部门所有职责都有岗位承接,要因"责"设岗,而非因"人"设岗。
- 部门规划能力高低的标志之一,就是能否做出合理的、符合发展战略的、能有效指导绩效考核的年度预算。

一、部门组织优化

部门组织结构确定后,我们就可以进行相应的岗位设置、业务流程优化。要因"责"设岗,而非因"人"设岗。岗位设置要保证部门所有职责都有岗位承接,部门的各项职责都能在岗位职责中有体现,并且保持合理有效的工作量。值得注意的是:岗位结构不局限于实际到岗人员,也可以根据业务发展规划来设置。

1. 组织结构设计步骤

部门组织结构设计的目的在于规划部门内部的人员管理,最大限度地发挥部门效能,最有效地利用部门资源,实现部门规划目标。为实现设计目标,各部门在进行组织设计时,应以部门目标和主要策略为指导,并引进设计模式、设计参数等概念。以下提供了一套程序化的模式提供参考。

(1) 组织现状诊断

首先,需要对部门现行组织结构进行诊断,较为全面地了解部门组织结构现状、存在问题,判断现行组织结构哪些环节需要优化、如何优化。一般情况下,通过部门经理等中层管理人员对企业进行了解和把握,辅以调查问卷、人员访谈等方式。

现状诊断可以从以下几个方面进行思考:

①部门现行组织结构是否规范?
②部门现行组织结构是否存在严重的职责界定不清情况?
③部门现行组织结构是否存在严重的职能缺失情况?
④部门现行组织结构是否存在严重影响运营效率之处?
⑤是否将部门放入企业全局中进行考虑,并设计组织结构?

现状诊断结果可以使用表格来呈现(见表7-1)。

表7-1 部门组织结构现状诊断

组织现状	面临问题	原因描述	初步建议
方面一	……	……	……
方面二	……	……	……
……	……	……	……

（2）确定组织优化思路

部门组织结构优化的目的，在于规划、配置部门内部的人员，加强授权与责任划分，使各部门成为一个最佳的工作团队，以最大限度地发挥部门效能，实现部门规划目标。

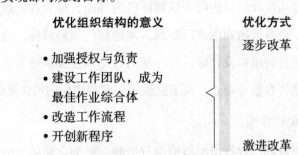

图7-1 组织结构优化的意义与优化方式

部门组织结构优化，应该在经营目标的基础上，考虑部门组织结构现状及外部环境等的影响，充分利用内外资源，确定部门内部的各职能模块，选择适用的组织模式，以实现岗位的合理设置，确定组织结构，并运用业务流程检验、完善组织结构。

而部门组织结构优化的方式，则可以结合现状诊断结果与规划需要，来判断是选择逐步改良，还是选择激进改革。

（3）设计组织结构

在组织设计环节，必须考虑是否存在以下能够影响部门组织结构设计的环境因素与管理因素：

①部门目标、策略对组织结构的要求；

②企业全局对本部门组织结构的需求；

③管理模式、部门经理风格对组织结构的影响；

④部门工作流程对组织结构的要求；

⑤部门人员素质对组织结构的影响；

⑥行业、专业、管理等技术进步对组织结构有无影响；

⑦现行组织结构调整的方向和难点。

同时，也需要考虑组织结构专业的主客观因素：

①管理层次与管理幅度；

②专业化、职业化程度；

③规范化、制度化程度；

④人员结构与人员素质；

⑤关键职能；

⑥地区分布；

⑦分工形式。

2. 组织结构模式

部门组织结构模式一般分为职能模式和矩阵模式两类。

(1) 职能模式

职能模式是按职能分工，以职能进行树状分解，其特点主要有：

①强化专业管理，提高工作效率；

②任务和职责明确；

③资源集中利用；

④组织稳定；

⑤管理层负担重；

⑥横向协作性差；

表7-2为职能型组织结构的典型案例。

表7-2　某公司战略管理部组织结构设计及责权划分

部门	战略管理部	部门负责人	战略管理部经理	直属领导	总经理
	战略规划部经理 ├─ 战略规划主管 ── 行业分析师 ├─ 战略控制主管 ── 战略控制员 ├─ 咨询诊断主管 ── 咨询诊断师 ├─ 并购整合主管 ── 并购整合师 └─ 信息管理主管 ── 信息管理员					部门编制 经理级1人； 主管级5人； 员工人数视情况而定
职责	1. 根据行业发展及竞争对手的战略动态，对企业调整经营方针、经营计划提出建议 2. 调查、分析企业重大经营决策的执行情况，并负责向总经理提出改进意见 3. 负责对企业投资项目进行可行性研究，并就重大投资项目实施审议 4. 负责对企业运营情况中存在的问题进行诊断，提出改进意见和建议 5. 负责对企业兼并、重组、整合等行为，提出具体的实施方案					
权力	1. 有制订经营方针、经营计划的建议权 2. 有对企业对外投资项目的审议权 3. 有对企业制订经营决策的参与权 4. 有对部门内部员工的考核权					
相关说明						
编制人		审核人		批准人	
编制日期		审核日期		批准日期	

（2）矩阵模式

矩阵式组织结构形如矩阵，同一组织内部，既有纵向树状汇报关系的分支，又有横向流程式汇报关系的分支，形成纵向与横向管理相结合的系统。

矩阵模式具有如下特点：

①以项目为龙头，整合所有工作；

②以流程为导向，强化内部协作；

③职能间相互制约，充分发挥专业配合，保证整体目标的完成；

④组织应变能力强；

⑤成员自我管理，减轻管理层负担；

⑥组织稳定性欠缺，需要较高的整体沟通水平。

在咨询行业，普遍采用矩阵式组织结构，以适应项目和专业两条线。

以某管理咨询公司项目实施部为例。项目实施部首先将咨询师和分析师两个序列的人员分别对应划入不同的管理专业研究所，以利于各专业知识的学习和咨询技能的提升。其次从各研究所抽调人员组建咨询项目实施队伍，专业研究和咨询实施项目两个方向并行，既可将专业研究成果应用于咨询项目，也有利于将咨询经验、方法论收入研究所知识管理系统。如7-2图所示。

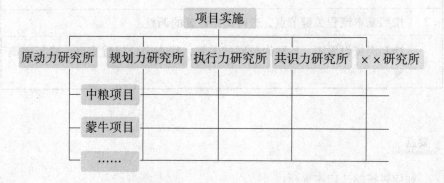

图7-2 某管理咨询公司项目实施部组织结构示意图

总之，在选择设计模式时，部门需根据组织自身的职能特点，采用职能型与矩阵型模式相结合的形式设计部门组织结构。一般普遍采用以矩阵型模式为主建立各个职能模块，在各个职能模块中注入职能模式的管理形式。

3. 确定职能模块

完成以上工作后，将部门职能按一定类型进一步划分为若干个执行模块，可首先划分出基本的模块，在此基础上，以提高效率为原则进行调整。一般以流程的关键节点进行调整。

4. 岗位设置

岗位设置要求职责清晰、岗位目标明确，并尽可能结合工作量及工作性质进行设置，保证忙闲均衡。

可参照表7-3所示的步骤进行岗位设置。

表7-3 岗位设置的一般流程

步骤	内容
1	按照部门规划内容，结合组织职能特点，分解职能模块，进行整体岗位设置
2	按照基本流程关键节点，进行岗位设置的调整
3	绘制岗位设置图，检验岗位间的关系，检查岗位设置盲区，进行再调整

要点

如何进行部门组织优化：

1. 组织结构设计步骤。

（1）组织现状诊断；

（2）确定组织优化思路；

（3）设计组织结构。

2. 组织结构模式。

（1）职能模式；

（2）矩阵模式。

3. 确定职能模块。

4. 岗位设置。

二、部门预算的主要内容

1. 什么是预算

预算，简言之就是针对某个特定期间制订的财务收支计划。在企业中比较常见的是年度财务预算，通常在上一个财政年度（或称财务年度，以下简称财年）结束前，组织专项部门，结合企业的整体发展战略及内外部相关环境条件，制订企业下一财年各项计划，作为下一年度的经营目标，并以此目标作为部门或业务单元绩效考核的参照。

在企业规划中的预算具有两个特性：

（1）全员参与

预算不单是财务部门的事，其他部门也要参与预算。这样使预算更科学，同时也使预算观念深入人心，有利于预算的实施和控制。

（2）费用预算、经营预算、业务规划和管理规划的结合

企业的年度规划从大的方面可以分成业务规划和管理规划。业务规划侧重于企业要做哪些业务、怎么做等，管理规划则考虑围绕业务需要进行哪些资源配置等。

预算起源于业务规划和管理规划。比如，业务规划确定了企业今年要上哪些产品、要做哪些业务；而确定它们的销量是多少、利润是多少等，

则属于经营预算，投入费用的多少等，则属于费用预算，而且，具体到每个季度、每个月的目标的具体实施，都需要通过预算来确定。

管理规划和预算的关系也是同样的道理，要完成业务规划，企业就要进行人力、物力等资源配置，具体需要投入多少人力和物力等，这也需要通过预算来确定。

在实施过程中，上述4者也是互相制约的。因为年初预算把目标都确定好了，而且也进行了季度和月的分解，到时完成得怎么样，对照预算一比就知道了。完成得不好，就要找原因，分析调整；完成得好，就要总结、发扬。通过这种制约，保证了规划的落实和预算的实现。

2. 中层管理者在预算工作中的角色

作为有规划的组织，其规划能力高低的标志之一，就是每年能否做出合理的、符合企业发展战略的、能有效指导绩效考核的年度预算。

对于中层管理者而言，在确立本部门一年一度的预算过程中，既要按照企业整体发展方向，充分展现自己所辖业务部门在企业运营中的管理实力和业务分量；同时又应基于本部门各项组织资源条件，有效规划下一年度相应的收支计划及管理目标，保证此目标能够作为指导和考核激励自己团队完成任务的有效标准。预算制订得是否科学合理，是充分体现管理者本人规划能力的重要"战役"之一。

杰克·韦尔奇曾有一段很生动的话，描述了中层管理者在预算中的两难角色。他说："业务部门的人在预算行动时都隐含了一个很简单的目标，不过他们并没有直接表达出来——那就是，最小化自己的风险，最大化自己的红包。"

"最小化自己的风险，最大化自己的红包"，生动刻画出作为一名中层管理者，对上要请缨、对下和对己还要保持清醒的形象。中层管理者要保证自己承诺的是一个基本可实现的绩效任务，从而保证自己和一干"兄弟"能够在年底考核时收到绩效工资。

如何寻求到这样一个"跳起来,够得着"、对上对下都能负责的目标平衡点,是每一位中层在预算这个问题上必须面对的重要考验。

3. 决定预算公平合理的关键条件

中层管理者到底应该从哪些方面去考量和制订预算呢?如何才能寻求和解决预算过程中的平衡点?我们先来分析一下,为了尽可能得出基本公平合理的预算,预算制订者应该考量的关键条件有哪些。

关键条件一:部门目标与企业整体战略发展规划的契合度。

好的部门规划应该是充分符合企业的整体战略,部门的年度预算也必须同样基于此前提条件制订。

作为中层管理者,若想自己本部门的指标设定得科学合理,首先要考量的是,作为企业一个业务部门的负责人,自己是否能充分理解企业整体规划的要义,特别是关于如下几个方面的内容:

- 企业的外部产业环境;
- 企业的主要竞争对手情况;
- 企业过去一年的经营业绩和主要优劣势所在;
- 企业下一年度整体战略发展规划要点;
- 本部门在企业下一年度战略计划中承担的主要任务。

只有充分理解了上述企业战略方向相关的问题及本部门在企业发展中承担的角色,中层管理者才有机会站在全局,明确本部门的预算定位,同时规避一些因为部门与部门间局部利益着眼点不同而带来的分歧。

关键条件二:本部门历史业绩回顾及成功要素分析。

预算的目的之一,是为下一个财务周期(通常是财年)提供各项收支的预测。好的预测一定不是拍脑袋得来的,而是要与本单位上一个或是多个财务周期的同比及环比业务数据进行比较得出的。通过比较,重点把握如下两个要点:

第一,分析得出每个财务周期收入的波动趋势。

比如，以财年为例，通过对历史同比数据的比较和分析，我们很容易得出收入是否明显具有"淡旺季"的规律。再比如，春节是中国的传统节日，通常在每年的1月或2月，由于公共假期等原因，不同的行业受到此类因素的关联影响不同。充分把握这一点，有助于在预算过程中能够科学合理地分配收入目标值的合理预期，从而使预算的预测能够对业务更有指导性。

第二，分析得出收入与各项费用构成的规律关系值。

通过对历史财务周期的数据分析，针对费用构成，可以进行比较分析，比如，哪些费用是必须的，必须发生的费用与收入之间的比例关系如何，从而为科学合理地制订下一财务周期相应费用的构成提供科学的依据。

关键条件三：本部门现有资源分析及核心竞争力成长关注。

"知己知彼，百战不殆。"若想在下一个财年业绩有所提升和飞跃，前提是要清楚地分析部门现有资源情况，比如人员、实现业务所需的软硬件条件匹配情况，等等。对部门的现状分析的重点，建议关注两个核心：

第一，围绕部门当前业务能力与部门在企业整体战略规划中的定位预期相比较，以此作为分析的核心。

通过分析与比较，可以基本了解部门若想达到企业预期目标，所需资源与部门现有资源之间的差距信息，从而保证在下一年度预算中，能够科学合理地计划匹配相应资源。

第二，部门核心竞争力分析，特别是关于持续学习成长的分析。

对这一内容的关注，既与现有部门人才培养和规划有关，同时又是不断加强组织战斗力的前提。若想保持一个部门的战斗力持续提升，那中层管理者首先应该清醒地知道部门当前的业务能力，及在持续成长中所需学习和补充的相关内容。在每一年的预算中，都将此部分作为必要项纳入规划。此项内容关联的人才培养及培训费用，虽然不一定直接与当期收益有正相关体现，但对系统提升构建部门的业务水平和加强人才培养至关重要。

要点

充分理解部门预算:

1. 什么是预算。

(1) 全员参与;

(2) 费用预算、经营预算、业务规划和管理规划的结合。

2. 中层管理者在预算工作中的角色。

3. 决定预算公平合理的关键条件。

关键条件一:部门目标与企业整体战略发展规划的契合度;

关键条件二:本部门历史业绩回顾及成功要素分析;

关键条件三:本部门现有资源分析及核心竞争力成长关注。

三、如何编制部门预算

1. 预算编制的指导思想

(1) 预算编制的指导原则

①财务部门负责公司总体经营预算编制的牵头、指导、服务及监控;

②财务部门负责审核公司及各部门总费用及一般性费用;

③各专业部门(人力资源、行政后勤等)负责编制专项费用(工薪福利、办公位费等)预算,并监控其执行情况。

(2) 预算执行原则

①谁支出,谁预算,谁控制;

②谁受益,谁承担。

比如工资是由人力资源部门支出的,那么人力资源部门就负责工资的预算和控制，而各部门是受益者，所以各部门就承担工资的费用支出。

（3）将预算准确性纳入部门考核之中

将预算的准确性与部门考核挂钩，可以保证预算的执行和对规划实施的指导。

2. 预算编制的核心内容

（1）开源

主要是针对业务部门，要考虑怎么挣钱，是在原有业务上想办法增加销量和利润，还是开拓新的业务。

（2）节流

首先要考虑怎么把费用控制住，其次要控制好费用，需要建立清晰量化的费用核算体系。

第一，要把费用分成大类，比如成本费用、销售费用、人力资源费用等。然后给具体费用项目明确定义，通过这些就知道了哪个费用项目应该归哪一类费用，这样容易控制。

第二，明确核算的原则。

①真实性原则。

指企业的核算应当客观、真实地反映经济业务、财务状况和经营成果，以实际发生的经济业务为依据。核算信息的真实性，是保证核算质量的首要条件。

②一致性原则。

指核算的方法前后各期应当一致，不得随意变更。比如在企业的不同会计期间，所使用的会计政策、程序和方法应当保持一致。比如资产计价、成本计算、盈亏确定等所采取的会计处理方法，应当前后各期一致。一致性原则是保证核算质量的重要原则之一。

③权责发生制原则。

指凡是本期实际发生、应属本期的收入和费用，不论其款项是否收到或付出，都应当作为本期的收入和费用列账；凡不是本期发生、不属于本期的收入和费用，即使其款项已经收到或付出，也不能列为本期的收入和费用处理。比如今天卖了一款产品，不管是否今天收到货款，都要把销售额计入今天的账目里。

这样做的目的在于确保能清晰地知道今天的销售情况到底怎么样。长期这样做，就能够准确地知道每个时期的销售等情况，为以后的核算等打好基础。

差旅费的预算和控制

1. 差旅费的确定。

预算总额＝[（每天住宿费＋每天交通费＋通讯费＋餐补）×平均每次出差天数＋平均每次路费]×部门出差总人次。

2. 差旅费内各项费用的确定原则。

根据公司积累的历史数据和公司有关费用控制的规定确定。

3. 差旅费预算总原则。

（1）根据业务发展情况，确定全年差旅费总额；

（2）根据各部门业务特点，确定部门全年需出差的总人次；

（3）每次出差，每项费用的标准严格控制在规定的额度内，不能超出；

（4）将部门差旅费控制在年初预算额度内，原则上不能超出；

（5）定期检查差旅费的使用情况。

（3）关键点控制

这里关键点指的是年度销量目标、利润，每个季度、每个月的利润点、重大费用点等。

控制关键点要从两个方面入手：

①历史数据积累。

历史数据是我们进行关键点控制的重要依据,这些数据是量化的东西,它清楚地反映了部门以前各个时间段的销量、费用等情况。这些数据是确定新的关键点和控制关键点的重要参考。

比如去年7月至8月公司手机的销量是1000台,增加的临时促销人员是5名,那么今年预测7月至8月的手机销量时就不能低于1000台,同时要考虑增加人员等情况。通过这种历史数据的积累,就能更好地预测目标和控制关键点。

②对业务的深入分析。

历史数据的积累只是为我们控制关键点提供了参考依据,具体今后会是什么样,还需要对业务进行深入的分析,要对业务有清楚的认识。

比如上面的例子,去年7月至8月,手机销量是1000台,通过对今年当地手机的预测分析,以及对各厂商手机政策的分析,得出今年暑假应该还是一个销售旺季,那么就可以大胆预测今年7月至8月的手机销量是1500台或2000台等。如果没有对业务深入的分析,就不敢大胆预测今年7月至8月的销量是多少,即使预测了,心里也没谱,不敢肯定。

3. 打破常规的预算机制

杰克·韦尔奇曾提出了一种打破常规的预算机制:把通行的目标式预算管理变成开拓型的运营规划式管理。

所谓开拓型的运营规划式预算管理,主要关注以下两个问题:

第一,如何超越去年的业绩?

第二,我们的竞争对手在做什么?如何战胜他们?

作为中层管理者,一定会有这样的困惑:"若是预算变成需根据沙场上的局部动态而不断调整战术的'活运营',那我们凭借什么依据来进行考核激励呢?"

杰克·韦尔奇如是回答:

"对于个人与部门的奖励,并不是根据实际业绩与预算目标的对比来决定,而主要是通过实际业绩与以前的业绩以及竞争环境的对比来决定,并把现实的战略机会和困难因素考虑进来。"

按照杰克·韦尔奇的阐述,基于此开拓型预算的考核标准应具备如下明确的数据支撑:

- 当期实际业绩;
- 历史业绩;
- 竞争环境中同行的可比业绩数据;
- 现实竞争中发生的变数对业绩产生影响的数据值。

除此之外,坦诚相待的企业文化是此类预算能够得以推行的最重要前提。

所以,若想和韦尔奇一样应用打破常规的开拓型预算,还是应该先从基础的规划和预算开始,夯实各项管理基础,提升企业内部整体对于及企业内外部资源环境的分析与认识。

结论即是:预算的最高境界是打破常规——让管理者由被动执行预算变成自觉向预算新高挑战。

要点

如何编制部门预算:

1. 预算编制的指导思想。

(1) 预算编制的指导原则;

(2) 预算执行原则;

(3) 将预算准确性纳入部门考核之中。

2. 预算编制的核心内容。

(1) 开源;

(2) 节流;

(3) 关键点控制。

3. 打破常规的预算机制。

四、对预算的执行进行监控

即便依照上述关键条件制订了初衷合理、基本科学的预算，但是如何其在下一个财务周期中实现它，并有效地指导实际业务，真正发挥预算在业务运行的航程中能够起到灯塔的作用，还必须有相应的管理工具和考核机制来保证，因为，任何工作结果的产生，都脱离不了过程中的控制。

1. 与绩效考核挂钩，确立预算指标的严肃性

所有最终目标的实现，都是因为各任务的责任有人承担、结果好坏与责任人的收益直接挂钩，所以，若想预算被认真执行，办法只有一个，即将执行情况和本部门人员的绩效考核挂钩。

预算的相关收支指标，应该作为企业经营的核心指导性目标，直接与部门相关业务执行人员的考核挂钩，从而保证预算的各项收支指标都成为有主的"责任田"。

预算的确立周期通常都是以财年为单位计算的。若想保证财年的整体结果，就应该有明确的月度分解指标。作为中层管理者，在预算的执行过程中，应该对照月度指标的具体完成情况，及时发现问题，并针对问题，调整相关业务运营战略，从而保证总体财年目标的实现。

某电脑公司在预算管理中，把所有的部门划分为利润中心、成本和费用中心。

1. 利润中心和费用成本中心的划分。

（1）利润中心：指创造利润的部门，比如业务部门、技术服务部门等。

（2）成本和费用中心：除了利润中心以外的部门，比如制造厂、

各职能部门等。

2. 以预算完成的百分比来考核利润中心。

也就是P值考核。比如事业部制订一季度完成产量30万台的任务量，结果只完成24万台，就是完成80%，那么考核分数就是80分，如果100%完成，就给100分，90%完成，就给90分。

3. 以预算控制的百分比考核成本费用中心。

比如行政后勤部对费用率应控制在3%以内，若超过了，考核分数就会低。但并不是说费用率越低就越好，还要看费用率低是否合理。比如要是整天断电断水，行政后勤的费用率是低了，但给公司带来的其他损失却不小。

4. 以预算的准确率来考核预算部门。

比如财务部门对公司整体的费用率预算为4%，结果为7%，那么财务部门的考核分数就会低。

2. 借助信息化工具，实现预算与业务结果的实时映射

随着信息化管理系统应用普及程度的提高，越来越多的企业借助ERP系统或财务管理软件来实行全面预算管理。

在成熟的ERP管理软件中，财务管理功能通常既包含常规财务核算功能，也包括支持预算管理的功能。此类功能可以使财务预算有效支持事先计划和事中控制的管理目标。

比如：ERP系统常规会计核算功能，通常会支持具体的产、供、销等业务动作所关联的会计核算的同步分录，若在新财年启动前，我们将相应的各项预算指标录入ERP系统，则当事务处理（即产、供、销等业务动作发生时）系统在呈现同步会计核算分录的同时，可以与我们预设的财务预算指标进行对比，使管理者能够一目了然地了解到系统应用的实时预算执行情况，从而达到有效监督预算执行的作用，便于管理者比较实际业务发

生情况与原有预算计划的差异，快速找到具体问题的解决之策。

同时，ERP系统的使用，也方便预算执行过程中，对同比及环比收支情况的历史数据进行比较，有助于客观分析当期业务运行过程中，出现的问题症结所在。所以说，信息化手段的运用，有助于通过预算与实际业务结果的实时映射比较，总体把握预算的指导性目标。

如何监控预算的执行情况：
1. 与绩效考核挂钩，确立预算指标的严肃性；
2. 借助信息化工具，实现预算与业务结果的实时映射。

【规划自我评估十】 资源保障

说明：在使用本评估工具时，请针对各个标准进行规划评估。根据企业的实际情况打分，分值为1~7（1分代表最差，7分代表最优），并在空格里记录下分值。除了打分，还希望您能够仔细分析原因，尤其是对分数比较低的项。这些隐藏在分数背后的原因，不仅可以解释打分结果，更重要的是，能够帮助您采取相应行动以提高绩效。

以下标准用于评估部门调动资源保障实现战略目标的能力。

评估标准	得分	评论
均衡的考核方式 企业强调财务、顾客服务、工作流程改良、员工学习等目标之间的平衡		
工程流程 企业的工作流程是将目标任务从高级部门到低级部门逐级分解		

(续)

评估标准	得分	评论
绩效考核是整个管理体系的一个组成部分 企业之所以关注绩效考核，不仅仅是因为它可以提供一些"数据"，更主要的是因为绩效考核是保证组织运转良好的整个管理体系的一个组成部分		
行为和设想调整 企业的机制保证，通过不断学习和反馈，对企业现有的绩效考核方式进行不断改进		
业绩目标的交流、讨论和商讨 明确的业绩目标，是各部门之间进行沟通、讨论和商讨的基础		
根据高层的战略目标，制订本部门目标 根据企业高层发布的相关信息，制订本部门的目标		

资料来源：《组织战略规划评估》通用咨询工具。

"超级中层商学院"系列培训精彩观点分享

　　一直想在管理者和被管理者的日常工作过程中，找出任务未能有效执行与未能有效培养下属的原因及解决方法，但没有如愿。学习了"超级中层商学院之收放自如带队伍"的课程后，我茅塞顿开，既找到了问题的瓶颈所在，也找到了解决的方法，就是带队伍的辅导五步法：说明目标讲解规律——你说他听；示范——你做他看；练习——他做你看；总结——他说你听；反馈——你说他听。感谢中国软实力研究中心的老师们，这是对我们人才培养和提升管理效率上最给力的支持！

　　　　中国汽车影音导航业第一品牌——广东好帮手电子科技股份有限公司
　　　　　　　　　　　　　　　　　　　　　　　　总裁助理 陈展甘

　　一场别开生面的学习活动结束了，当学员们用PPT、Video、照片等多种方式分享培训感悟和收获时，我感受到了他们的幸福。我也开始思考，未来如何创新工作流程和工作方法去提升工作效能？未来应该如何转变思维模式、改变工作思路，来适应我行跨越式发展的脚步？未来我如何把所学融入具体工作中，落实行里倡导的"幸福文化"？

　　　　环首都绿色经济圈银行——张家口市商业银行
　　　　　　　　　　　　　　　　信息培训部总经理 赵永强

　　"超级中层商学院"培训，我个人感受最深的是掌握了其中的高效工作方法。训前，我通常是听到上级的指示就开始着手落实，而过程中常会被领导批评而返工；训后，我调整了自己的工作方法，在得到上级指示后，会先挖掘领导需求，制订合理方案，与领导达成共识之后再落实，结果就是事半功倍！

　　　　亚洲最大工程机械销售商——内蒙古中城工程机械（集团）有限公司
　　　　　　　　　　　　　　　　　　　　　　　　运营总监 元明星

　　今年参加"超级中层商学院"系列课程，既有老师精彩的讲授，也有丰富的互动体验；既有高管的管理经验分享，也有不同系统管理人员的交流。通过参加此次培训，我主要有以下几点收获：

＊ 通过参与整个系列课程的设计和学习具体的课程，使我认识到管理是一个系统的工作。

＊ 在每一门具体的课程中，在了解理论原理的基础上，学到了一些具体的工作方法和技能，比如工作五步法、员工面谈七步骤等。

＊ 团队的价值高于个人价值。从开始组建小组，确定组名，提出我们的口号，到每次课程中积极为小组争取成绩，每一个成员都积极参与。现实工作中也是一样的道理。

＊ 学习的最高境界在于把学到的东西灵活地运用到自己的工作中，如果不用，知识和方法只可能永远停留在"我听过"、"我知道"的层面，不会对提高自己的管理能力起到任何帮助。

农业产业化国家重点龙头企业——浙江青莲食品股份有限公司
副总经理 晏波

参加中国软实力研究中心的系列培训，首先让我意识到作为管理者如何从"领头羊"向"牧羊人"转变，其次让我学会了调整心态、高效工作、有效沟通、跨部门协同的工具和方法，最后让我实现了从"工作中有想法"到"实践中有做法"的飞跃！

中国最大焊接钢管制造商、中国企业500强——天津友发钢管集团
财务副总监 李茂红

我们从开始的"倒数第一"到现在的"倒数第六"，我们赢在心态；

我们从云顶山到碛口，始终在塑造着这种亲近自然的"野"，我们赢在形象；

我们从新旧队员之间的更替到队内的令行禁止，我们赢在沟通；

我们从一拥而上转变为狼队长带领下的明确分工，我们赢在带队伍；

我们从提出车改方案到获得公司高层认可，我们赢在工作方法；

我们从车改方案的被认可到积极配合公司车改方案的制订，我们赢在协同；

我们从战略目标的制定到战略目标的达成，我们赢在规划，我们赢在落地！

国际顶尖特级冶金焦生产商——山西大土河焦化有限责任公司
野狼队学员

"超级中层商学院"结业汇报快板书

> 打竹板，竹板响，培训感悟我们讲。
> 时间短，知识广，梯队培训是梦想。
> 领悟深，实用强，管理提升助成长。
> 学心态，保健康，遇到挫折你莫慌。
> 塑形象，讲礼仪，待人接物要得体。
> 带队伍，有技巧，关键要把方法找。
> 工作法，五步棋，要用复盘来梳理。
> 学协同，抓管控，双赢思维是杆秤。
> 多沟通，勤协调，演讲锻炼最有效。
> 做规划，设目标，分清优劣定位好。
> 眼光远，目标准，最后落地站得稳。
> 毕业后，莫忘记，学以致用要彻底。
> 业务精，管理行，带领队伍有创新。
> 定计划，做总结，工作方法要科学。
> 大土河，恩情深，培养我们奔高层。
> 海豹队，不失信，实际行动来验证。
> 为公司，创效益，百年老店成佳绩。
> 向公司，表决心，奉献青春报母恩！

国际顶尖特级冶金焦生产商——山西大土河焦化有限责任公司
海豹队学员

这次学习收获很大，我要从现在开始，先把时间管理的工具方法应用起来，每天早上把当天要做的事情先列出来，按照主动性和应对性进行分类，然后按重要性和紧急性进行排序，制订每天的时间计划表，而且每天必须预留足够的时间来进行总结和自我评估。不积跬步无以至千里，我相信每一个微小的进步，都会成为成功的基石。

中国最大焦炭出口商——俊安（中国）投资有限公司
总经办主任 刘国政

通过为期一周的封闭式培训，学员对如何发现问题、如何诊断问题原因、如何提出改善建议有了全面系统的了解。尽管每天的学习任务很紧张，但是采用的案例分析、情景演练、小组讨论、问题抢答等方式，让学员能够身临其境地进行体验式学习，既学到了知识，又掌握了应用的工具与方法。

——**蒙牛乳业（集团）股份有限公司**
营运管理系统流程管理部部长 胡艳红

中国软实力研究中心的老师为我们组织的培训，不但让我们学到了如何带队伍、如何有效工作、如何调整心态等知识，更让我们耳目一新的是老师们组织培训的方法。以前我们都是用授课的方式组织员工培训，学员在培训过程中基本没有参与感，总是被动地接受老师讲授的知识，所以学习效果也大打折扣。今后，我们也可以采用团队组建与风采展示、影片欣赏与分享、小组研讨与分享、知识竞赛等方式丰富企业内训的手段，让我们的员工能更加主动地参与到培训中，提升培训的效果和员工的培训满意度！

——**辽宁曙光汽车集团股份有限公司**
培训部副部长 王蔚

此次"泰富后备人才特训营"在中国软实力研究中心的设计、组织下，紧扣企业对人才的需求，围绕组织指挥能力、沟通协调能力、团队激励能力和呈现表达能力等多维度进行培训设计和开发，将企业文化培训与专业知识培训、通用技能培训和泰富业务技能培训相结合，通过案例模拟、团队活动、辩论竞赛等方式综合考察学员的态度和能力。

对人才的投资是企业可持续发展的驱动力之一。管理是企业对员工严肃的爱，培训是企业给员工最大的福利。

——常州泰富百货集团有限责任公司

副总经理 范洪

这次"管理者修炼"的培训，让我意识到，当好管理者是一个长期修炼的过程，首先要意识到自己角色的转变，不应该再在场上充当明星，应该隐到场后做好教练；其次要善于发现下属的优势，充分发挥他们的才干；最后要会带队伍，熟练应用关心的力量、赞美的力量、尊重的力量和反馈的力量。

——百度公司品牌管理部

高级经理 付昆英

在中国软实力研究中心的顾问的支持下，本期"中粮食品营销有限公司的精英人才训练营"可以说是一炮打响，启动了公司后备人才梯队建设的系统工程。通过测评反馈让学员了解到其他同事的行为风格特征，有助于团队的沟通和融合；通过心态培训让学员们更加清晰如何在日常工作中践行中粮集团阳光诚信企业文化；通过沙盘经营模拟让学员们更系统和深刻地领悟到企业经营的奥妙。而且，通过参与本期培训的组织准备工作，也让人力资源部门的年轻同事得到一次极好的锻炼机会，从中国软实力研究中心的老师那里系统学习到企业内训的组织与管理。

——中粮食品营销有限公司

人力资源总监 钮欣玉

本次培训，通过以我公司内部案例为项目背景，全过程的沙盘演练，有效地训练了员工在工作中的系统性思维能力，特别是为整个公司各部门之间如何实现协同管理的联动效应，提供了解决方案！

国家特大型企业——中广核工程设计有限公司

副总经理 咸春宇

项目管理课程，让我和我的团队，学习了国际上先进的项目管理知识与体系、工具与技术，特别是训练了我们的项目化管理思维，为我们实现全公司项目组合管理价值链提供了新思路与方法！

——深圳联合利丰供应链管理有限公司

运营总监 韩婧

培训中学到的思维，为我在工作中解决需要为多部门多业务单元进行工作协同配合的难题提供了方法与思路，特别是多个项目管理工作模板的演练使用，更是增强了我的实践能力！

——富士康科技集团

项目管理部 戴西茶

M8 的系统培训，让我们开阔了视野，学习了先进的工具方法，凝聚了团队，提升了我们组织的整体战斗力！

——阿拉善龙信实业

副总经理 郭昌

致谢

"超级中层商学院"系列图书的开发与撰写，得到了中国软实力研究中心众多企业客户的鼎力支持。几年来，在为这些客户提供中层梯队培训的时候，我们不仅得到了众多中层管理者非常有价值的反馈，还得到了来自客户决策层、人力资源部门、培训管理者众多中肯的改善建议。

是客户的期望给了我们不断做好的动力，是客户的建议给了我们提升的方向，这里要对在"超级中层商学院"培训项目中，给予过我们巨大帮助的企业表示诚挚的感谢，他们包括但不限于：

中粮集团有限公司、张家口商业银行、广东好帮手电子股份有限公司、蒙牛乳业（集团）股份有限公司、曙光汽车集团股份有限公司、天津友发钢管集团股份有限公司、山西大土河焦化有限责任公司、内蒙古中城工程机械（集团）有限公司、大唐国际托克托发电有限责任公司、浙江青莲食品股份有限公司、阿拉善龙信实业发展有限责任公司、俊安（中国）投资有限公司、中国银行、江苏弘惠医药有限公司、常州泰富集团有限责任公司、百度公司、上海奉贤经济开发区管委会、新希望集团有限公司、联想集团有限公司、天津市国资委、重庆软件协会等。

在本书的写作过程中，中国软实力研究中心的部分研究员帮助各位作者进行了大量案例收集、文字编辑、研讨论证等工作，这里特别向这些战友们表示感谢，他们是：

张文娟、王刚、董礼娜、田静、陈玉、林静、冯燕、宋碧琼、赵婷婷、赵雅静、郭迎华等。

"超级中层商学院"丛书的出版，只是一个起点，我们深知这套方法还有需要继续完善和提升的地方，因此特别诚恳地希望读者朋友能够为我们提出各种意见和建议，让我们一起努力，为中国企业培养出更多的"超级中层"，为中国企业的基业长青贡献绵薄之力。

"超级中层商学院"系列图书

　　"超级中层商学院"是一套经过十五年管理咨询积累、两年准备开发、三年深入实践的针对中层的咨询型培训项目。中国软实力研究中心的多位资深咨询顾问,在与数十家公司、上千名中层管理者的互动中,反复演习,高度提炼,将针对中层的培训分为八个方面。这八种能力训练,全面满足中层工作需要,而书中的情境式分解,基本上已经覆盖了中层管理者九成以上的管理状态,并直接给出方法和分析。

　　这套书不卖弄知识,希望给所有的中层提供"干货"和"绝活",让大家看得懂、学得会、用得上。而书中提供的所有工具方法也均通过数十家企业的实际使用,证明是高效的。我们能保证的是,这套书看完,至少所有的中层全套规定动作能做对70%,至于剩下的30%,还需靠团队指引和个人悟性。

　　如您在阅读过程中有任何意见和问题,请拨打项目咨询电话:010-67687044。

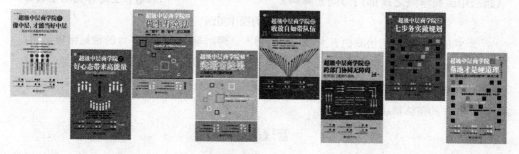

管理个人

《超级中层商学院之像中层,才能当好中层》　　　　　　　　作者:李天田　史宇红

适应中层多重角色的贴身指导

　　如果说公司运行是场大戏,中层管理者就是其中戏份最复杂的演员,要想扮演好每一个角色,不仅需要得体的着装,还要注意仪态、礼节、沟通技巧……只要遵循本书提到的"角色力修习三步法"(彩排—演出—复盘),就能化繁为简,轻松应对每个场合。

《超级中层商学院之好心态带来高能量》　　　　　　　　　作者:林世华　李国刚

解决中层心态问题的良方

　　本书紧扣中层管理者的工作特点,指出这个群体的压力和焦虑的来源,并给出有效的解决方案。书中有大量测试,可以让每位中层检测到自己的真实能量状况,让中层迅速找到达到最好状态的良方。与万金油式的励志书相比,本书更实用,更能解决具体问题,让中层从"中煎力量"升格为"中坚力量"。

管理工作

《超级中层商学院之做事有章法》　　　　　　　　　　　　作者:李国刚　史宇红

从"爱干"到"会干"的工具箱

　　本书从"工作五步法"、"工作角色"、"时间管理"三个维度帮助中层管理者掌握工作的标准步骤,认知自己的工作角色,管理好工作时间,从而使中层管理者在"爱干"、"能干"的基础上"会干",进而在工作中做到从容应对、事半功倍。

《超级中层商学院之沟通有结果》　　　　　　　　　　　作者：金丽　李天田
让沟通立竿见影的锦囊

　　本书从扫除沟通的障碍与误区入手，以生动鲜活的情境分析，剖析中层管理者在沟通中的成败得失，并列出了实现的行为菜单。书中的情境设计覆盖了绝大部分中层管理者的工作内容，深入专业的分析，能让你领悟沟通要义，成为能说会干的沟通高手。

管理团队

《超级中层商学院之收放自如带队伍》　　　　　　　作者：李天田　王琦　路文军
打造高效队伍的行动方案

　　本书以中层管理者罗盘为指引，从中层管理者应具备的三大内功和管理团队的五大技能两个角度，系统地为中层管理者展示了管理团队的各种方法。中层人员通过学习并在实际工作中重复练习，便能够使自己从"最能干"、"最会干"的幻觉中醒过来，"放下机关枪，拿好指挥棒"，在管理团队时做到收放自如，打造出一支高绩效的团队。

《超级中层商学院之跨部门协同无障碍》　　　　　作者：王琦　李国刚　郭雷华
推倒部门墙的操作指南

　　本书从制约跨部门协同的五大心理困境切入，辅以部门间协同不力的常见情境回顾，指出了破解部门间协同不畅的具体方法，提供了服务协同、指导协同、管控协同、情感协同四类协同工具，以及与协同效果相关的测评工具和改善方法，为跨部门协同提供了一套可操作的整体解决方案。

管理战略

《超级中层商学院之七步务实做规划》　　　　　　作者：王胜男　林世华　王彬沣
做好规划的行动清单

　　本书提出的"部门规划七步法"是一套制订规划的"规定动作"，这七个步骤全面覆盖了规划制订前的准备事宜、规划制订中的注意事项、规划形成后的执行保障等各个环节。帮助中层管理者打破"规划就是形式主义"的魔咒，做出的规划不仅能让上至领导、下至员工都看得懂，更能保证其符合部门实际、切实可行地指导部门行动，从而高效实现目标。

《超级中层商学院之落地才是硬道理》　　　　　　　作者：刘恩才　王彬沣
部门规划从悬浮到落地的专门解决方案

　　部门工作计划的有效落地是企业规划落地的基础，也是公司领导考核中层的关键，但这往往也是中层管理者的短板。本书给出了保障部门规划落地的四大功能提升系统，帮助部门员工同一目标、提高士气，确保团队氛围和谐、信息传递及时，并辅以有效的检核方法，让硬道理成为软方法，为规划落地保驾护航。

更多好书，尽在掌握

　　大宗购买、咨询各地图书销售点等事宜，请拨打销售服务热线：010-82894445

　　媒体合作、电子出版、咨询作者培训等事宜，请拨打市场服务热线：010-82893505

　　推荐稿件、投稿，请拨打策划服务热线：010-82893507，82894830

　　欲了解新书信息，第一时间参与图书评论，请登录网站：www.sdgh.com.cn

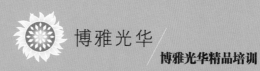